走进物理——奇妙的物理世界

闫晓华　刘荣芬　李　征　编

河南科学技术出版社
· 郑州 ·

图书在版编目（CIP）数据

走进物理：奇妙的物理世界／闫晓华，刘荣芬，李征编．—郑州：河南科学技术出版社，2019.12（2021.8重印）
ISBN 978-7-5349-9803-4

Ⅰ.①走…　Ⅱ.①闫…　②刘…　③李…　Ⅲ.①中学物理课-初中-教学参考资料
Ⅳ.①G634.73

中国版本图书馆 CIP 数据核字（2019）第 287740 号

出版发行：河南科学技术出版社

地址：郑州市郑东新区祥盛街 27 号　　邮编：450016

电话：（0371）65788630　65788637

网址：www.hnstp.cn

策划编辑：孙　珺

责任编辑：孙春会

责任校对：司丽艳

封面设计：张　伟

版式设计：赵玉霞

责任印制：张艳芳

印　　刷：永清县晔盛亚胶印有限公司

经　　销：全国新华书店

开　　本：787 mm×1092 mm　1/16　　印张：7　　字数：100 千字

版　　次：2019 年 12 月第 1 版　　2021 年 8 月第 3 次印刷

定　　价：16.00 元

前言

“物理学”一词源于希腊文，意为自然，其现代内涵是指研究物质运动最一般规律及物质基本结构的科学。物理学是实验科学，凡物理学的概念、规律及公式等都是以客观实验为基础的，因此物理学绝不能脱离物理实验结果的验证，实验是物理学的基础。实验是有目的地去尝试，是对自然的积极探索。科学家提出某些假设和预见，为对其进行证明，筹划适当的手段和方法，根据由此产生的现象来判断假设和预见的真伪，因此科学实验的重要性是不言而喻的。整个物理学的发展史是人类不断深刻了解自然、认识自然的历史进程。

物理课程担负着培养学生科学素质的任务。人们要攀登科学高峰，首先要培养锻炼自身攀登高峰的能力，这好比建造通向高峰的阶梯。科学高峰正如一座金字塔，有着宽厚的基础和高耸的塔尖。基础愈宽厚，塔尖可以愈高。物理实验课是一门基础实验课，是知识的底层，这底层的重要性更是不言而喻的。科学实验是探索的过程，是可能成功也可能失败的，结果可能符合预期也可能否定预期，当然还可能有意外收获，从而得到未曾预期的成功。

兴趣是推动求知的一种内在力量，可以使学生产生强大的学习动力。有了对物理的兴趣，他们就会从内心产生学习的自我要求，就会有强烈的求知欲，并且自觉地去提高学习物理的能力。

本书的编写内容，是以学生熟悉的现象为研究对象，用学生常见的物品和生活用品为实验器材进行趣味制作，使学生对物理产生亲切感和认同感，让学习延伸到课外，进而培养学生的动手能力、动脑能力，并且培养学生发现问题、提出问题和解决问题的能力。

编　者

2019 年 7 月

目　录

第一章　趣味无穷声世界

大弦嘈嘈如急雨，小弦切切如私语。嘈嘈切切错杂弹，大珠小珠落玉盘。间关莺语花底滑，幽咽泉流冰下难。冰泉冷涩弦凝绝，凝绝不通声暂歇。别有幽愁暗恨生，此时无声胜有声。银瓶乍破水浆迸，铁骑突出刀枪鸣。曲终收拨当心画，四弦一声如裂帛。东船西舫悄无言，唯见江心秋月白。

——《琵琶行》

第一节　动手动脑搞探究

中国教育之通病是教用脑的人不用手，不教用手的人用脑，所以一无所能。中国教育革命的对策是手脑联盟，结果是手与脑的力量都可以大到不可思议。

——陶行知

一、科学探索

(一) 实验题目：用声音“吹灭”蜡烛

实验准备：

矿泉水瓶，蜡烛，气球，火柴，剪刀。

实验步骤：

1. 将矿泉水瓶用剪刀从中间切割开，留下瓶口那一部分。

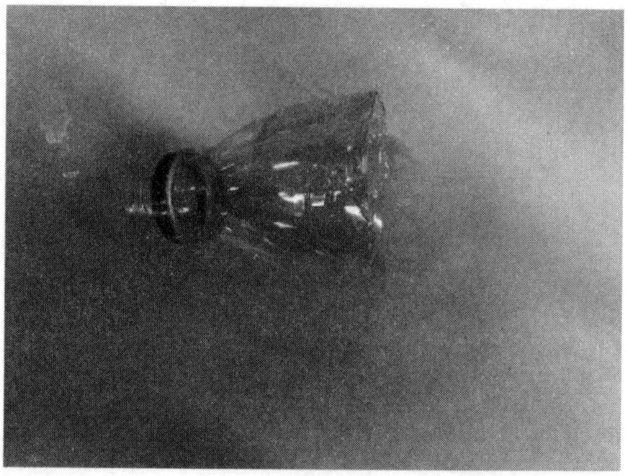

2. 剪取气球的圆球部分，并套在矿泉水瓶割开处。

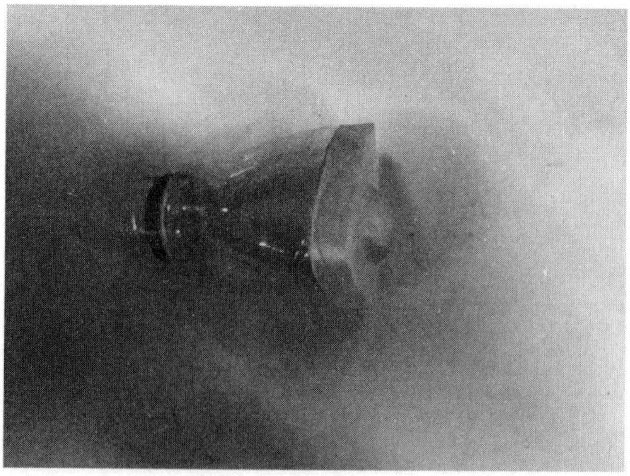

3. 点燃蜡烛，并让瓶口正对烛焰。

4. 用力敲击套在瓶子割开处的绷紧的气球，蜡烛熄灭。

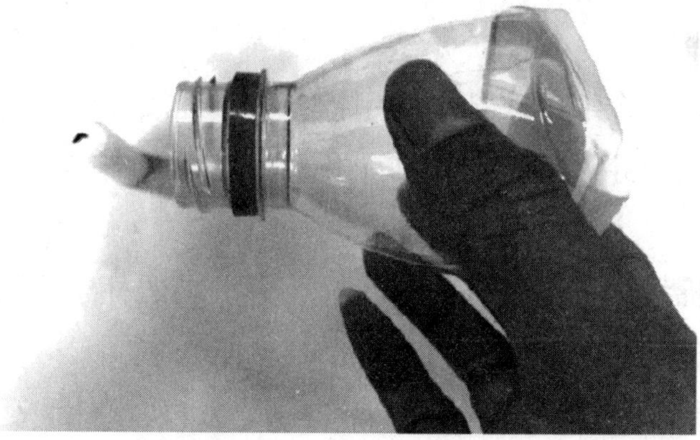

探根求源：

声音具有能量，它表达了物体的振动。传递声音的过程就是传递振动的过程，所以声音也可以传递能量，例如超声波碎石。

想一想：

生活中有哪些声音传递能量的应用实例？

（二）实验题目：制作土电话

土电话是一种古老的兼具实用性和娱乐性的工具，曾为我们的童年带来无穷的乐趣。土电话虽然制作简单，但是它的原理可不简单。下面我们就来玩“土电话”，在玩中了解声音传播的科学知识吧！

实验准备：

2 个一次性纸杯，棉线，针。

实验步骤：

1. 分别在 2 个纸杯底部中间用针扎个小孔。

2. 从小孔处穿入棉线，把 2 个纸杯杯底相对串起，在纸杯底部内侧将棉线打结。

3. 拉紧棉线，一端的杯子为听筒，另一端的杯子为话筒。

4. 邀请爸爸妈妈用你的自制电话通话吧！

探根求源：

说话的声波使纸杯杯底振动，振动波通过棉线传到另一个纸杯杯底而产生共振，对方就听到了声音。这个实验说明固体可以传播声音。

想一想：

1. 如果不用纸杯做材料，而是改用塑料杯、玻璃杯甚至不锈钢杯，能制成土电话吗？

2. 棉线的松紧程度会影响传音效果吗？如果把棉线改为金属丝效果如何呢？

（三）实验题目：听到自己的心跳

自己的心跳可以摸到，但不常被听到。

实验准备：

饮料瓶，剪刀，塑料软管。

实验步骤：

1. 剪下饮料瓶上半部并在瓶盖上打孔。
2. 在打孔处插入一段塑料软管。
3. 将漏斗状部分靠近胸部，软管另一端靠近耳朵。移动漏斗状部分的位置，仔细地听，可以找到心跳最强的位置。

探根求源：

人体内部的声音，如心跳声、肠鸣音、湿啰音等，甚至血液流动的声音，不大能让人“听”到的原因是音频过低，或音量太小，或被环境中嘈杂的声音掩盖了。自制听诊器的原理是减少声音传播过程中的分散，且听诊器前端是一个面积较大的膜腔，体内声波鼓动膜腔后，听诊器内的密闭气体随之振动，而塞入耳朵的一端，由于腔道细窄，气体振动幅度就比前端大很多，由此放大了人体内的声波振动，所以“听”得更清楚。

二、阅读材料

超声波

1922 年，德国出现了首例超声波治疗的发明专利。

1939 年，有关超声波治疗取得临床效果的文献发表。

20 世纪 40 年代末期，超声治疗在欧美兴起。在 1949 年召开的第一届国际超声医学学术会议上，超声治疗方面的论文交流为超声治疗学的发展奠定了基础。1956 年第二届国际超声医学学术会议上已有许多论文发表，超声治疗进入了实用成熟阶段。国内在超声治疗领域起步稍晚，20 世纪 50 年代初才只有少数医院开展超声治疗工作，1950 年首先在北京用 800 千赫兹频率的超声治疗机治疗多种疾病，然后开始逐步推广，并有了国产仪器。公开的文献报道始见于 1957 年。到了 70 年代，各型国产超声治疗仪面世，超声疗法在全国各大型医院得到普及。

全国各大医院已积累了相当数量的资料和比较丰富的临床经验。特别是20世纪80年代初出现的超声体外机械波碎石术和超声外科，是结石症治疗史上的重大突破，如今已在国际范围内推广应用。高强度聚焦超声，使超声治疗在当代医疗技术中占据重要位置。

电话的发明者

贝尔（1847—1922）出生于英国的爱丁堡，14岁在爱丁堡皇家中学毕业后，曾在爱丁堡大学和伦敦大学听课，主要靠自学和家庭教育。1864年开始研究声学。1872年在波士顿开办培养聋人教师的学校，并编著《可见的语言先导》。1873年担任波士顿大学发声生理学教授。1875年，他的多路电报获得专利。1876年，美国专利局批准他的电话专利。电话专利是历史上引起争议最多的一项专利，经过长期诉讼，贝尔终于取得胜利。1880年法国授予他伏特奖和法国荣誉勋位勋章。

听诊器的发明

有一天，一位聪明的法国年轻大夫观看几个小孩做游戏，这一游戏促成了一种重要的医学仪器——听诊器的诞生。

孩子们在玩跷跷板，有一个孩子把耳朵贴近木板的一端，另一个孩子就用钉子刮擦木板另一端，他们对声音穿过木板传播的情形感到十分惊奇。

这位法国年轻大夫勒内·雷奈克看到而且记住了这一情景。几年以后的1816年，有一次他出诊去给一位年轻的姑娘看病，这位姑娘异常肥胖，他知道，除非把耳朵贴近她的胸部，他是不会听清楚她的心脏和肺部的声音的。但是，他非常羞怯，不好意思用这种方法。

他回忆起了自己看到过的孩子们的游戏，于是，他拿了一叠纸，把纸卷得紧紧的，把纸卷的一端放在姑娘的胸部，另一端靠在自己的耳朵上，他所听到的声音比他过去把耳朵直接贴在病人的胸部时要清晰得多，这时他真是又惊又喜。后来，他把一根木棍从头到尾穿一个孔洞，并将一端的孔洞挖得更大一些。把孔洞大的一端放在病人的胸部，另一端的小孔放在他的耳朵上，这时心脏的跳动声就听得格外清楚了，后来人们把这种仪器叫作听诊器。

第二节　陶冶情操听音乐

美是上帝的微笑，音乐是上帝的声音。

——卢安·约翰逊

音乐，是一种艺术。它是所有艺术中最绚丽的，因为它可以触动我们的灵魂。当高涨的情绪得不到宣泄的时候，听听音乐，一切烦恼就都烟消云散了，生活又变得美妙起来。现在的人们，常常背负着各种问题和压力，而音乐，可成为人们恢复往日鲜活的一剂良药。感伤的旋律，柔柔轻拨，是心灵的慰藉，是心愁的缓泻。轻松欢快的音乐能促使人体分泌一些有益于健康的激素、酶、乙酰胆碱等活性物质，从而调节血流量和兴奋神经细胞，使大脑及整个神经功能得到改善。

研究表明，良好的音乐既能消除人的不良体验，也能扩大体验的领域，又能使人在听音乐过程中出现的思维得以开扩。因此大多数学生可依据这些原则进行音乐调节。

科学探索

（一）实验题目：会唱歌的吸管

实验准备：

吸管，剪刀。

实验步骤：

1. 将吸管放入嘴中，并向外吹气，试试吸管能否发出声音，如果不能发声，请注意调整。

2. 当吹响吸管时，仔细听听这个声音。

3. 将吸管剪掉 2 厘米，观察吸管发出的声音与之前是否相同。（记录现象）

4. 再减掉 2 厘米，听听吸管发出的声音又有什么变化。（记录现象）

（二）实验题目：美妙音乐瓶

你可以找来各种各样形状的空瓶，把嘴唇贴在空瓶瓶口上吹气，看看用它们吹出的最低音（基音）的音调高低都跟哪些因素有关系。

你还可以选一个瓶子，逐渐往瓶内装入一些水，改变瓶内空腔的体积，然后对着瓶口吹气，可以发现空腔体积越小，音调越高，即共鸣的基音频率越大。

接着，再选瓶内空腔体积和瓶口内径基本相同，而瓶颈长度不等的瓶子，分别进行实验。

最后，选瓶颈粗细不同，而长度、空腔体积基本相同的瓶子进行实验，看看基音频率与瓶颈内截面积有什么关系。

收获整理：

____

____。

当演奏者的嘴唇对着乐器（如小号、长号、葫芦丝、笛子等）的吹口吹气时，就会发出声音，吹气所形成的颤动使乐器内的空气柱振动。通过揿按活瓣或者移动拉管，演奏者就能调整空气柱的长度，从而改变发出的声音。这是乐器中很大的一个门类——管乐器。

（三）实验题目：琴弦美妙变奏曲

实验准备：

粗细不同的琴弦（古筝、古琴、吉他等的琴弦）三根及对应的拨片。

实验步骤：

1. 把琴弦拉直固定。
2. 拨动粗细不同的琴弦，仔细辨听声音的不同。
3. 改变所拨动琴弦的长短，再次仔细辨听声音的不同。
4. 调节琴弦的松紧并拨动其发声，再次仔细辨听声音的不同。

收获整理：

____

____。

方法点拨：

当要研究的一个物理量与另外几个物理量都有关系时，为简化和方便，先研究与其中一个量的关系，同时控制其余几个量不变。这种方法叫控制变量法。

世界上的乐器种类繁多，小提琴悠扬，竖琴空灵，琵琶清脆，二胡婉转，吉他粗犷……不知大家是否注意到，上述乐器尽管音色各有千秋，但它们都属于同一类乐器，即弦乐器。弦乐器有弦，当拨弄、撞击或者摩擦弦时，这些弦会颤动。相对较长的弦来说，短的弦振动时频率更高，因此能发出更高的声音。音乐家在演奏时，通过手指在弦的不同位置的按压来改变音高。弦的粗细、松紧程度也会影响所发出声音的音高。

小调研：

观察二胡、琵琶、小提琴等弦乐器，看看这些弦乐器是怎么调节弦的长短和松紧的？乐器上安装了几根弦？粗细程度怎么样？实际拉、弹一下，听听弦乐器发出音调的高低是否和实验探究的一致。

第三节　深入本质看声音

一、科学探索

实验题目：你不知道的秘密——声音，其实是看得见的！

实验准备：

双面胶，胶带，剪刀，纸杯，气球，2 根木棒，反光纸，激光笔。

实验步骤：

1. 用剪刀剪掉纸杯杯底，剪掉气球的尾部，只保留气球的球状部分，并把保留的这部分气球皮套在纸杯杯底一端。

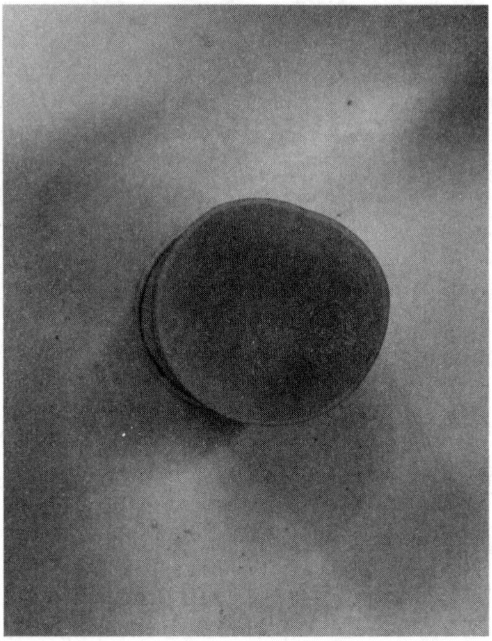

2. 将反光纸用双面胶粘在气球皮上方，用 2 根木棒和胶带把激光笔固定在纸杯上，使激光笔的光点照在反光纸上。

3. 让纸杯贴有反光纸的一端对着墙面，在另一端对着纸筒喊话，会看到奇妙的现象哟！

二、科学知识

声波

发声体产生的振动在空气或其他物质中的传播叫作声波。声波借助各种介质向四面八方传播。声波通常是纵波，也有横波，声波所到之处的质点沿着传播方向在平衡位置附近振动；声波的传播实质上是能量在介质中的传递。空气是透明的，空气振动形成的声波，自然也是看不见、摸不着的。为了便于研究和认识声音，科学家发明了一种方法，将声波转换成电信号，用图像记录声波的基本属性和不同声音的特性。这种图像叫作声波的波形图。

振幅表示质点离开平衡位置的距离，反映波形从波峰到波谷的压力变化，以及波所携带的能量的多少。高振幅波形的声音较大，低振幅波形的声音较小。

声波的频率是指波列中质点在单位时间内振动的次数。以赫兹（Hz）为单位，描述每秒周期数。例如，1 000 赫兹表示波形每秒有 1 000 个周期。频率越高，声音音调越高。

三、阅读材料

鲁本斯焰管

既然说到了声音，那就给大家介绍一个有关声音的物理仪器：鲁本斯焰管——一种古老的物理设备，用火焰的方式视觉化演示声波及声压之间的关系，由德国物理学家鲁本斯（Heinrich Rubens）于 1905 年发明。在长管中通入天然气，里面随声音振动的空气会在管中形成驻波，管子就是共振腔。声波是纵波，有疏部，有密部，密部火焰会更高，可燃气气流大一些，火就更旺一些。

第四节 回归童年读童话

一、童话故事

噪声国

用力敲门“嘭嘭嘭”，踩踏地板“咚咚咚”，白天狂笑“哈哈哈”，晚上睡觉“呼噜噜”，这些都是噪声国最受人欢迎的歌曲。

这里的人都喜欢玩一种游戏，拿着脸盆，用木棒“咚咚”地敲，不管是白天还是黑夜，都没有人去管，反而人们还很喜欢这种声音。这里的王子会在宫殿里把收集来的铁罐子堆得高高的，然后一下子把它们推倒，“叮叮当当”，王子听了这个声音会高兴地拍起手来，有时还会叫一些大臣一起玩。

后来，王子想听到更大的噪声，就跑到父亲那里，对父亲说：“父王，我想听到全世界最大的噪声。”国王问他：“孩子，你想怎么做?”王子回答：“在 12 月 1 日，也就是我的生日那天，让全国的人集中在一起，在同一时间大喊，不就可以了吗?”国王怜爱地说：“真是个聪明的孩子，我这就叫侍卫去贴通告。”噪声国的每一个人都看到了这个通告。

有一个聪明的孩子对他的父亲说：“爸爸，我们到那个时候只把嘴巴张开，不发出声音不就能听到全世界最大的噪声了吗?”父亲知道后，把这个办法告诉了妻子，妻子又告诉了她的朋友，……这个办法一传十，十传百，最后传遍了全国。

王子的生日到了，全国人聚集在广场，大家屏住呼吸，听着 3、2、1 的报数声。全国人张开嘴巴，却没有一个人发出声音，都等待着别人喊。好静啊，噪声国几百年来，从没有这么静过，王子第一次听到了小鸟叽叽喳喳的歌声，第一次听见了山泉淙淙流淌的声音，第一次听见了风吹着树林发出唰唰的声音，第一次闻到了花儿散发出来的那种清幽的香味……王子喜欢上了这安谧静美的大自然。

从此，噪声国改变了风气，人们说话都温和了，走路也轻轻的了，噪声国的鸟儿也多了，花儿更鲜美了，树更绿了。

这个童话故事对你有什么启发？____________________。

二、科学知识

噪声

噪声是发生体做无规则振动时发出的声音。从生理学观点来看，凡是干扰人们休息、学习和工作的声音，即不需要的声音，统称为噪声。当噪声对人及周围环境造成不良影响时，就形成噪声污染。产业革命以来，各种机械设备的创造和使用，给人类带来了繁荣和进步，但同时也产生了越来越多而且越来越强的噪声。

分贝是计量声音强度相对大小的单位，衡量噪声的大小往往用分贝计来测试。机械钟表的声音约 20 分贝，人们交流说话的声音约 60 分贝，距汽车 5 米处电喇叭的声音为 90~95 分贝，气喇叭的声音为 105~110 分贝，传统织布机和电锯的运转声音为 100~110 分贝。一般来说，声音每提高 10 分贝，其响度就会增加 1 倍，50 分贝以上的声音就会对人们的正常生活产生影响。

噪声主要分为以下几类：①交通噪声：包括机动车辆、船舶、地铁、火车、飞机等发出的噪声。由于机动车辆数量的迅速增加，交通噪声成为城市的主要噪声。②工业噪声：工厂的各种设备产生的噪声。工业噪声的声级一般较高，给工人及周围居民带来较大的影响。③建筑噪声：主要来源于建筑机械发出的噪声。建筑噪声的特点是强度较大，且多发生在人口密集地区，因此严重影响居民的休息与生活。④社会噪声：包括人们的社会活动和家用电器等发出的噪声。这些设备的噪声的级别虽然不高，但由于和人们的日常生活联系密切，使人们在休息时得不到安静。

由此可见，虽然噪声是看不到、摸不着的东西，但是给人类的影响是巨大的。噪声的恶性刺激，严重影响我们的睡眠质量，并会导致头晕、头痛、失眠、多梦、记忆力减退、注意力不集中等神经衰弱症状，以及恶心、呕吐、胃痛、腹胀、食欲减退等消化系统症状。营养学家研究发现，噪声还能使人体中的维生素、微量元素、氨基酸、谷氨酸、赖氨酸等人体必需的营养物质的消耗量增加，影响健康；噪声令人肾上腺素分泌增多，心跳加快，血压上升，容易导致心脏病；同时，噪声使人唾液、胃液分泌减少，胃酸降低，从而使人易患胃溃疡和十二指肠溃疡。最近，美、日、法等国的科学家还发现，当噪声强度超过90分贝时，人的视觉就会减弱。

美国科学家最近提出警告：嘈杂的家庭环境对婴幼儿的大脑发育有害。这项研究结果表明，持续的嘈杂声会对婴幼儿的大脑造成压力，并影响婴幼儿今后对声音的辨别力。现代家庭通常都被一系列噪声充斥和环绕着，这些声音来自电视、广播、洗衣机、冰箱、汽车、飞机等。来自加利福尼亚大学的科学家们认为，生长在以上环境中的婴幼儿，其敏感的大脑神经会在发育过程中受到周围噪声的破坏。

世界卫生组织和欧盟合作研究中心公开的《噪声污染导致的疾病负担》显示，噪声危害已成为继空气污染之后人类公共健康的第二个杀手。因此，公民既要有防护噪声的意识，也不要主动制造噪声。同时，国家要落实创新驱动发展战略，加大科技投入，创新降噪技术，扶持降噪产业发展。

从你做起，以后你会为减少噪声做出什么改变呢?

助听器

大多数人对于助听器都有三个固有印象：老年人用品，米黄色的塑料制品，在公共环境里容易产生高频啸叫。不过，这些陈旧的观念很快将成为历史。

2018年年底，斯达克推出一种新产品，它结合了像运动手环那样的健康和心率检测功能，并能在你跌倒难以起身时自动发信号给家人。美国ROSE公司出售的一款名为Hearphone的产品，内置降噪功能，带有拾音麦克风和多种声音处理功能。这事实上就是助听器。

与人们固有的观念不同，很多现代助听器看起来并不老气（颜色可以和你的头发相配，伪装成小饰品），而且大多数都配备了防自激电路，以减少啸叫。

现在，老年人不再是助听器的主力用户。你的耳朵里可以藏入一台微型电脑，就好像电影《她》（Her）中描述的那样，它可以提升你的听力，还可以为你指路、朗读短信息、播放音乐和监控健康状况，而且完全不需要显示屏。

第二章　绚丽多彩光现象

日光是首屈一指的画师，在他的色彩浓艳的笔下，再丑陋的东西也会变得媚态百生。

——拉尔夫·沃尔多·爱默生

第一节　神奇的影子

唐代大诗人李白曾在花间提着一壶酒写下“举杯邀明月，对影成三人”这样豪迈又落寞的诗句。其意为：举杯向天，邀请明月，与我的影子相对，便成了三人，明月不能理解开怀畅饮之乐，影子也只能默默地跟随在我的左右，我只得暂时伴着明月清影，及时欢娱。今天我们不说这首诗的意境，我们来说一下这首诗背后的物理现象——影子。

大家先玩个手影游戏吧！手影游戏十分简单，且历史悠久，它以手为笔，以影为墨，只需一点光，就可以展开巧思，通过手势的变化，创

造出各种不同的影像。《都城纪胜》记载的杭州瓦舍众伎“杂手艺”中就有“手影戏”一项。手影不需要任何修饰，就可以把动物模仿得惟妙惟肖、栩栩如生：一会儿是活泼可爱的小白兔，一会儿是展翅高飞的老鹰，一会儿是凶恶狡猾的大灰狼，一会儿又是憨态可掬的小肥猪，……可以说，想象有多丰富，手影的变幻就有多神奇。手影游戏可以启发我们的联想思维。

一、科学探索

（一）实验题目：做手影

实验准备：

光源，背景墙。

实验步骤：

用光源照手，让手影投在背景墙上。用手做出各种动作，使影子呈现出不同的形状。

收获整理：

1. 影子的形成需要什么条件？想象在一个漆黑的房间里，你还能看到影子吗？

结论 1：影子的形成要有________________。

2. 是不是只要有结论 1 就一定能形成影子呢？通过刚才的手影游戏，你找到答案了吗？

结论 2：影子的形成要有________________。

3. 开动你的脑筋想一想，影子的形成还需要什么条件？

（影子是一种光学现象，它不是一个实体，只是一个投影。光线在同种均匀介质中沿直线传播，不能穿过不透明物体而形成较暗区域，该较暗区域就是我们常说的影子，所以光、不透明物体、被投射物质是影子产生的三个基本条件。）

给大家分享一些手影图片，同学们可以在家玩一玩。

影子分本影和半影两种：

仔细观察电灯光下的影子，你会发现影子中部特别黑暗，四周稍浅。影子中部特别黑暗的部分叫本影，四周灰暗的部分叫半影。这些现象的产生都和光的直线传播有密切关系。而“无影灯”是怎么一回事呢？同学们做个探索吧！

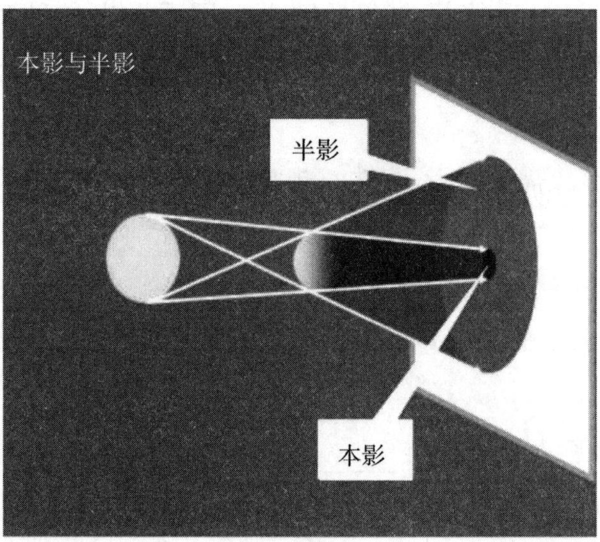

（二）实验题目：观察半影、本影

实验准备：

1 个柱形物体，十几支蜡烛，打火机。（注意防火哟！）

实验步骤：

1. 把柱形物体放在桌上，旁边点燃一支蜡烛，观察投下的影子。
2. 在柱形物体旁点燃两支蜡烛，观察投下的影子。

3. 点燃三支、四支、五支或更多支蜡烛，观察影子的变化。

收获整理：

把一个柱形物体放在桌上，旁边点燃一支蜡烛，就会投下清晰的影子。在柱形物体旁点燃两支蜡烛时，就形成了两个相叠而不重合的影子。两影相叠部分完全没有光线射到，是全黑的，这就是本影；本影旁边只有一支蜡烛可照到的地方，就是半明半暗的半影。如果点燃三支甚至四支蜡烛，本影部分就会逐渐缩小，半影部分会出现很多层次。如果我们在柱形物体周围点上一圈蜡烛，这时本影完全消失，半影也淡得看不见了。

科学家根据上述原理制成了手术用的无影灯。无影灯，是一种先进的光源，它的外形是一个很大的灯盘，它将发光强度很大的灯在灯盘上排列成圆形，合成一个大面积的光源，从不同角度把光线照射到手术台上，既保证手术视野有足够的亮度，同时又不产生明显的本影，所以无影灯下没有影子。当医生为病人做手术时，视线就不会受影子的影响，保证手术顺利进行。

二、阅读材料

爱因斯坦“光”临中国，全球寻找第二个科学巨匠

2005 年 4 月 19 日晚 7 时，随着一束从太平洋彼岸——爱因斯坦工作过的美国普林斯顿大学发出的周游世界的特殊光电信号被上海崇明岛准时接收到，全球纪念爱因斯坦逝世 50 周年、相对论发表 100 周年、世界物理 100 年“物理照耀世界”中国区活动拉开帷幕。随后，这束光在我国分南、北两路每隔 5 分钟由一个城市传向另一个城市，经过 2 小时 30 分钟的传递，信号遍历了神州大地的 34 座城市。在光信号的指示下，我国共有超过 10 万名的大中学生和各界人士点亮了手中的光源，共同参与了这次活动。

国内各省（市）间光信号传递活动，是采用电子邮件方式进行的。各省（市）活动组织单位在规定时间内接收电子信号，并根据路线图向下一个省（市）传递信号。

这封来自普林斯顿的神秘邮件，有为各种语言准备的数据包，有爱因斯坦头像和“国际物理年”的宣传画，同时附有十个与物理学相关、适合中学生的研究性课题题目，为的就是在全球范围内寻找“爱因斯坦第二”。

第一个问题是这样的：每个人都有一个独一无二的影子，在印象中影子似乎只有一种黑色，世界上会有彩色的影子吗？如果有，它会是什么颜色呢？你是不是可以依照你自己的样子为自己设计出一个彩色的影子呢？

另外九个问题分别是：

1. 汽车都有里程表，自行车是不是也可以有一个，将自行车车轮的每一次转动自动记录下来并将其转换成公里数呢？用什么方法可以方便地实现计数呢？无论是用电子还是机械的方式，只要可以设计这样一个可供自行车使用的里程表，你和物理学的关系就又向前迈进了一步。

2. 一杆秤加一些小配件，你是否就可以设计制造出一杆能测定液体密度的杆秤呢？

3. 太阳能是一种绿色可再生能源，越来越多地出现在人们的日常生活当中，但是相对太阳灶来说，太阳的角度在不停地变化。不论太阳在什么位置都有一个同样的焦点的太阳灶，你是不是可以尝试设计呢？

4. 太阳能还可以用在家庭生活中的其他家电产品上，有没有办法设计一个只用太阳能提供各项能源的现代化家庭呢？

5. 一个家庭要如何用水、用什么样的装置去节约用水，才可以真正实现全社会的节约用水呢？

6. 垃圾分类在日常生活中已经随处可见，但是通常都由人手工挑拣完成，能不能根据垃圾的物理特性而将这些垃圾区分开来呢？

7. 不用电机、不用弹簧，怎样使一扇门自动关上呢？其实合理储蓄开门时的能量，就可以完成这样一扇门，但是具体该如何储存这些能量呢？

8. 手电筒不用电池就能发光，其中包含着很多物理原理，试着用发光二极管来设计这样一个神奇手电筒。

9. 建筑工地上的吊车立柱升降大有学问，利用相关的知识来调节它的高度。

原北京大学物理学院院长叶沿林教授说：“物理学与每个人的生活息息相关，物理讲究逻辑思维，讲究实验实践，讲究定量分析等，这些从物理学中衍生出来的方法论对我们认识世界有很大帮助，比如经济学要讲定量分析，社会科学也要模型和统计，……公众应更多地了解近代物理，它不仅是基础科学，也是现代生活知识，了解它能帮助我们大家更好地运用现代科技。”

背景链接：

1879 年 3 月 14 日，爱因斯坦出生在德国乌尔姆市一个中产阶级犹太人家庭。5 岁时，父亲给了他一个指南针，指针在磁力的无形作用下转动的情景让他惊讶。像牛顿看到掉落的苹果一样，爱因斯坦产生了一种奇怪的感觉，认为自己看到的现象是具有深远意义的。

爱因斯坦一度被人认为注定一事无成，大学毕业后无法进入学术机构，只在瑞士伯尔尼专利局找到一份临时工作。但在那里，爱因斯坦被正规教育扼杀的科学激情终于重新迸发出来。仅就爱因斯坦在 1905 年 6 月和 9 月发表的两篇有关狭义相对论的论文而言，就具有改变历史进程的深远意义，它们提出了关于时间和空间的全新概念。

1915 年，爱因斯坦发表广义相对论。这是继狭义相对论之后，近代科学的又一个重大成就。1919 年，英国天文学家爱丁顿的日全食观测结果证实了爱因斯坦所做的光线经过太阳引力场会弯曲的预言。爱因斯坦由此声名鹊起，“相对论”成为人们家喻户晓的名词。

1921 年，爱因斯坦因在光电效应方面的研究而被授予诺贝尔物理学奖。1933 年由于纳粹德国反犹太主义狂潮，爱因斯坦被迫移居美国，1940 年获得美国国籍。1955 年 4 月 18 日，爱因斯坦在美国普林斯顿辞世。

第二节　古人贡献

一、墨家的研究

在一间黑暗的小屋朝阳的墙上开一个小孔，人对着小孔站在屋外，屋里相对的墙上就出现了一个倒立的人影。为什么会有这奇怪的现象呢?春秋战国时期的墨家解释说，光穿过小孔如射箭一样，是直线行进的，人的头部遮住了上面的光，成影在下边，人的足部遮住了下面的光，成影在上边，就形成了倒立的影。这是对光直线传播的第一次科学解释。

墨家还利用光的这一特性，解释了物和影的关系。飞翔着的鸟儿，它的影也仿佛在飞动着。墨家分析了光、鸟、影的关系，揭开了影子自身并不直接参加运动的秘密。墨家指出，鸟影是由于直线行进的光线照在鸟身上被鸟遮住而形成的。当鸟在飞动中，前一瞬间光被遮住出现影子的地方，后一瞬间就被光所照射，影子便消失了；新出现的影子是后一瞬间光被遮住而形成的，已经不是前一瞬间的影子。因此，墨家得到了“景不徙”（“景”通“影”）的结论，就是说，影子不直接参加运动。那么为什么影子看起来是活动着的呢?这是因为鸟飞动的时候，前后瞬间影子是连续不断地更新着，并且变动着位置，看起来就觉得影是随着鸟在飞动一样。在两千多年前，能这样深入细致地研究光的性质，解释影的动和不动的关系，是非常难能可贵的。墨家还从光直线传播的原理解释了投影和半影的现象。

二、赵友钦的实验

14世纪中叶，元代天文学家、数学家赵友钦在他所著的《革象新书》中，进一步详细地描述了日光通过墙上孔隙所形成的像和孔隙之间的关系。他发现当孔隙相当小的时候，尽管孔隙的形状不是圆形的，所得的像却都是圆形的（其中所含原理是：这时的小孔成像呈现的是太阳的像，故为圆形)；日食的时候，像也有缺口；孔的大小不同，但是像的大小相等，只是浓淡不同；如果把像屏移近小孔，所得的像变小，亮度增加。对于这一现象，赵友钦经过精心思索和研究，得出了关于小孔成像的规律。他认为当孔相当小的时候，不管孔的形状怎样，所成的像是光源的倒立像，这时孔的大小只是和像的明暗程度有关，不改变像的形状。当孔相当大的时候，所得到的像就是孔的正立像。

为了证实这个结论，赵友钦设计了一个比较完备的实验。在楼下的两间房子的地板中各挖两个直径四尺多的圆井，右边的井深四尺，左边的深八尺，在左井里放置一张四尺高的桌子，这样两井的深度就相同。做两块直径四尺的圆板，板上各密插一千多支蜡烛，点燃后，一块放在右井井底，一块放在左井桌上。在井口各盖直径五尺、中心开小方孔的圆板，左板的方孔宽一寸左右，右板的方孔宽半寸左右。这时可以看到楼板上出现的都是圆像，只是孔大的比较亮，孔小的比较暗。赵友钦用光的直线传播的道理，说明了东边的烛成像于西，西边的烛成像于东，南边的烛成像于北，北边的烛成像于南，每根烛都有对应的像，由于一千多支蜡烛是密集成圆的，所成的像也相互连接成为圆像。这样就说明了在光源、小孔、像屏距离不变的情况下，所成的像形状不变，只有亮度上的差别：孔大的“所容之光较多”，因而比较亮；孔小的“所容之光较少”，因而比较暗。

如果把右井里东边的蜡烛熄灭五百支，那右边房间楼板上的像西边缺半，相当于日、月食的时候影和日、月食分相等一样。如果左边中蜡烛疏密相间，只点燃二三十支，那像虽是圆形分布，但是是一些不相连接的暗淡方像；如果只点燃一支蜡烛，方孔对于烛光源来说不是相当小，因而出现的是方孔的像；把所有的蜡烛重新点着，左边的像就恢复圆形。在楼板上平行于地面吊两块大板作为像屏，这时像屏距孔近，看到的像变小而明亮。接着去掉上面所说的吊着的两块板，仍以楼板作为像屏，撤去左井里的桌子，把蜡烛放到井底，这时左井的光源离方孔远，左边的楼板上出现的像变小，而且由于烛光弱，距离增加后亮度也变弱。

从上述实验结果，赵友钦归纳得出了小孔成像的规律，指出了蜡烛

（光源）的远近、强弱和小孔、像屏的远近之间的关系：像屏距离孔近的时候像小，距离孔远的时候像大；烛距离孔远的时候像小，距离孔近的时候像大；像小就亮，像大就暗；烛虽距离孔近，但是光弱，像也就暗；烛虽距离孔近，但是光强，像也就亮。

实验的最后一步是撤去覆盖井面的两块板，另在楼板下各悬直径一尺多的圆板，右板开边长四寸的方孔，左板开各边长五寸的三角形孔，调节圆板的高低，就是改变光源、孔、像屏之间的距离。这时仰视楼板上的像，左边是三角形，右边是方形。这说明孔大的时候所成的像和孔的形状相同：孔距离屏近，像小而明亮；孔距离屏远，像大而暗淡。

从以上的实验结果，赵友钦得出了小孔的像和光源的形状相同、大孔的像和孔的形状相同的结论，并指出这个结论是“断乎无可疑者”。用这样严谨的实验，来证明光的直线传播，阐明小孔成像的原理，这在当时世界上是绝无仅有的。

三、成就的应用

（一）我国古代天文历法

光的直线传播性质，在我国古代天文历法中得到了广泛的应用。我们的祖先制造了圭表和日晷，测量日影的长短和方位，以确定时间、冬至点、夏至点；在天文仪器上安装窥管，以观察天象，测量恒星的位置。

此外，我国很早就利用光的这一性质，发明了皮影戏。汉初齐少翁用纸剪的人和物在白幕后表演，并且用光照射人和物，其影像就映在白幕上，幕外的人就可以看到影像的表演。皮影戏在宋代非常盛行，后来传到了西方，引起了轰动。

（二）照相机和摄影机

现在的一些照相机和摄影机就是利用了小孔成像的原理——镜头是小孔（大多数安装凸透镜以保证光线成像距离），景物通过小孔进入暗室，像被一些特殊的化学物质（如显影剂等）留在胶片上（数码相机、摄影机等则是把像通过一些感光元件存储在存储卡内）。

四、家庭小制作

用牙膏盒做小孔成像实验

找两个大小不同但相差不多的牙膏盒，把大的去掉一端的底面，在没有去掉的另一端的底面上用针扎一个小孔，小的两端的底面都去掉，一端蒙上半透明的纸（塑料袋也行），把小牙膏盒套进大牙膏盒中，小孔成像相机就做好了。

第三节　魔幻仙境

一、阅读材料

魔术

魔术是一种综合的舞台艺术，魔术的完美呈现是魔术师准确操纵现场及掌控人们心理的结果。魔术师常常利用转移注意力，利用灯光效果，以及人们的错觉等原理来制造舞台效果，从而为观众呈现一台台精妙绝伦的魔术表演。它展示了特殊和独到的艺术趣味，能够激发人的想象力，启迪人的智慧，增长科学知识，丰富娱乐生活。

魔术早在我国汉代就已出现在“百戏”中，据记载，汉武帝元封三年（公元前108年）“百戏”表演中，有人表演吞刀、吐火，这些都是魔术。方士少翁在牛肚中藏锦囊，栾大利用磁石让棋子自相撞击，这些也都是魔术。三国时候的左慈戏弄曹操，在宴会上要来铜盆、渔竿垂钓，从铜盆中钓出两条大鲈鱼。曹操想杀他，他忽然隐身不见了。至唐宋年间，魔术作为一种表演技艺尤为发达，同时也开始流传并影响了世界各地的魔术发展。

魔术还常常依靠灵活运用光、声、电等物理和化学的多种科学原理及人的心理，用奇特的艺术构思，造成种种离奇巧妙的表演形象。我们在观看魔术表演时，也可以学到相当多的知识；有时用一般的原理就可以表演一个十分精彩的魔术。

花瓶姑娘的秘密

“有个姑娘十八岁，身体长在花瓶内，无手无脚一尺八，能说能唱可回答，这真是大千世界无奇不有，古怪莫测不可思议。”其实“花瓶姑娘”并不是骗局，它属于传统戏法的一种，使用的是障眼法。“花瓶姑娘”这种魔术表演，在全国各地都曾出现过，类似的还有“蛇身美女”“人身蛇头”等。这个魔术本身利用了物理光学原理，在道具巧妙的摆放下，让观众产生视觉错觉。这种表演本身在于吸引观众的好奇心，是20世纪90年代广泛流传于全国民间庙会、集市的传统戏法之一。

二、科学探索

（一）实验题目：魔术箱的制作

工具和材料：

平面镜，纸盒，黑白方格纸，双面胶，剪刀。

道具制作：

把纸盒的一个侧面剪去，在箱子中放置一块平面镜（与底面成45度角，并与箱子的两侧对角线重合），在纸盒的底面和侧面贴上黑白方格纸，在纸盒的顶开一个小口。（要反复移动方格纸的位置，使人从外面看觉得是一个空盒子，再用双面胶粘好方格纸。）

表演：百元钞票不翼而飞

拿出制作好的魔术箱，从观众这一面看，里面空无一物。表演者将一张100元钞票从箱顶的小缝放进去，观众看来这张100元钞票却不翼而飞了。

揭秘：这个魔术利用的是平面镜成像的知识。

平面镜成像的特点：①像和物的大小________；②像和物到镜面的距离________；③像和物关于镜面________。

（二）实验题目：观察一个物体在两个互成角度的平面镜中的成像

实验准备：

两个平面镜，任一物体。

实验步骤：

取两个平面镜，使其镜面相对互成某一角度，在两镜之间夹角处放一枚硬币，改变两平面镜的夹角，看看在镜子中能找到几枚硬币的像。

现象记录：

观察发现，两个镜子之间夹角大于90度，在每个镜子中能成____个像。两个镜子之间夹角等于90度，在每个镜子中成____个像，在镜子交角处成____个像或者在一个镜子中看到____个像，在另一个镜子中看到____个像。当继续减小两镜之间的夹角，会看到__________。

探根求源：

实际上，两个镜子之间夹角为0度和180度是特例。夹角为180度时，两个镜子在一个平面内，两个镜子中只能成一个像。夹角为0度时两个镜子相互平行，情况和两个平面镜镜面相对的成像相同。夹角为锐角时，成像原理和夹角是0度时类似。

（三）实验题目：制作潜望镜

实验准备：

2个牙膏盒，2个方形镜片，双面胶。

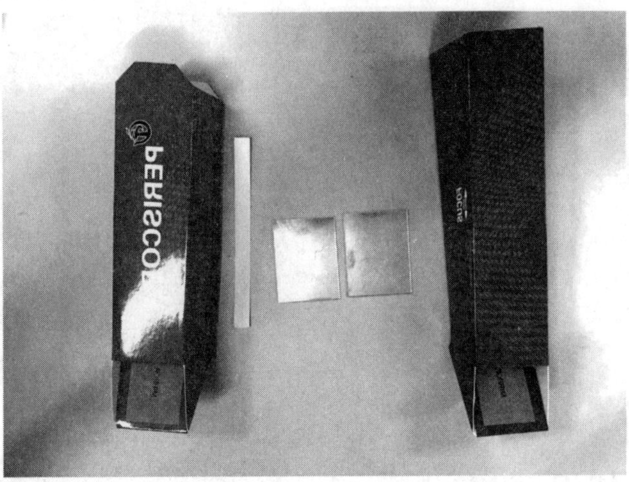

实验步骤：

1. 如图所示，把2个方形镜片用双面胶分别粘在2个牙膏盒一端的纸板上，注意镜片要与牙膏盒壁成45度角。

2. 把 2 个牙膏盒没有粘贴镜片的另一端的底面剪掉，2 个牙膏盒如图所示套在一起。一个简易的潜望镜就制作好了。

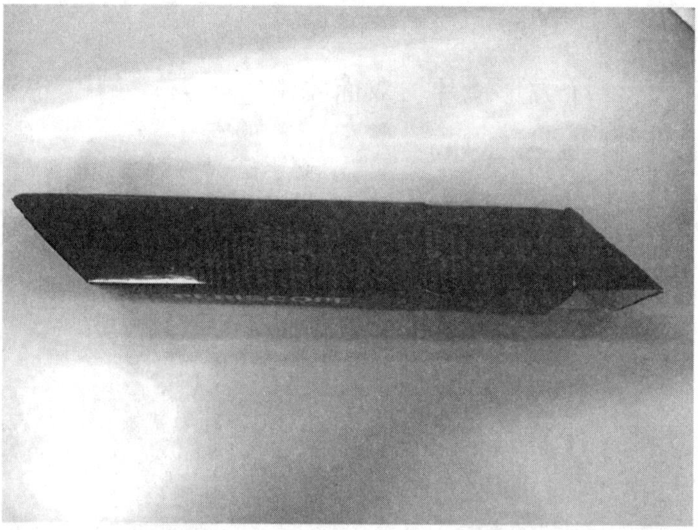

三、科学知识

最亮的镜子

如果有一面百分百反射光的完美镜子，它可以用来做什么呢？在 100

年前，想要制作这样的镜子无异于天方夜谭。而现在，它不仅就在你我身边，而且还被用于验证爱因斯坦的伟大理论。有兴趣的同学去查阅相关资料吧！

第四节 见证神奇

断虹霁雨，净秋空，山染修眉新绿。桂影扶疏，谁便道，今夕清辉不足？万里青天，姮娥何处，驾此一轮玉。寒光零乱，为谁偏照醽醁？

年少从我追游，晚凉幽径，绕张园森木。共倒金荷，家万里，难得尊前相属。老子平生，江南江北，最爱临风笛。孙郎微笑，坐来声喷霜竹。

——《念奴娇·断虹霁雨》（部分）

雨后新晴，天边出现一道彩虹。为什么彩虹常出现在雨后呢？彩虹是怎么形成的呢？这节课就带你见证神奇，揭示奥秘。

一、科学探索

（一）实验题目：人造彩虹

下面我们设计两个小实验制作人造彩虹。

实验一：

实验准备：

家用喷雾器（中等大小容量），水。

实验步骤：

将喷雾器加满水，用尽各种方法向有太阳照射的地方狂喷，产生大量水雾。观察美丽的彩虹现象。

实验二：

实验准备：

手电筒，不带盖的容器，镜子，白纸，水。

实验步骤：

1. 在不带盖的容器中倒入一些水，注意水要适量，否则会影响实验。然后把镜子斜靠在容器的一边。

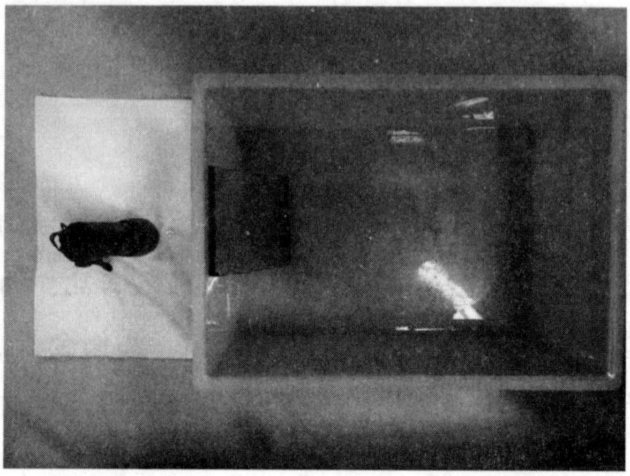

2. 打开手电筒，让手电筒的光照在浸在水中的那一部分镜面上。

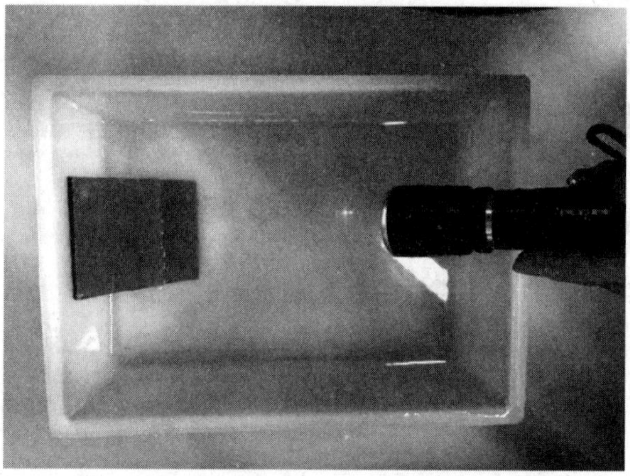

3. 把白纸放在镜子的前面，让它接住被镜子反射回来的光。

4. 观察一下白纸，你会惊喜地发现，纸面上慢慢出现了一道美丽的彩虹。

探根求源：

手电筒的光是白色的，白光是由红、橙、黄、绿、蓝、靛、紫等各种色光组成的，镜子把手电筒的光反射在了水面上，光在穿过水层时就会被水折射。由于组成白光的各种色光在折射后所形成的角度又各不相同，所以，它们会在不同的位置射出水面，最后投在白纸上，从而形成彩虹。

（二）实验题目：神奇的分身术

实验准备：

透明玻璃杯，硬币，水。

实验步骤：

在透明玻璃杯的杯底放一枚硬币，再放一些水。当眼睛在杯子斜上方某一位置时，可以看到两枚硬币。

探根求源：

看到的两枚硬币均为虚像。其中，一枚是光线通过水面折射而成的硬币虚像，这个虚像比实际的硬币要高一些；另一枚则是光线通过水柱侧面折射而成的像，此时的水柱相当于一个凸透镜，从而形成一个放大的虚像。我们未看到硬币的“真身”，只看到硬币的两个“化身”。

（三）实验题目：海市蜃楼

海市蜃楼这个词，相信很多人都不陌生，但估计很少有人见过。海市蜃楼投射出来的场景可能是古代的一些建筑物，也有可能是海上的帆船，各种情景都有，只不过比较模糊，看起来若隐若现的，人们把这种场景叫作海市蜃楼。古代的时候，人们也把这种现象叫作幻境，通常只会出现一小会儿，就消失了。

1975年的时候，在广东的海面上就发生了海市蜃楼的景象，这一次的海市蜃楼景象要比往常栩栩如生得多，持续的时间也非常长，足有6个多小时，吸引了不少人特地来此地观看。那么海市蜃楼到底是怎么回

事呢？为什么会出现这些奇特的景观呢？

实验准备：

矩形玻璃容器，玻璃棒，水，酸性定影液（或食盐水、白砂糖水等）。

实验步骤：

1. 在矩形玻璃容器中先放入密度较大的酸性定影液，约15cm深。

2. 用玻璃棒导流法轻轻加入清水，约4cm深。

3. 容器的一侧约12cm处放置一被照亮的物体，物高约5cm。

4. 从容器的另一侧以不同距离和不同角度倾斜向上观看，可看到虚幻“蜃景”。

探根求源：

海市蜃楼现象属于物理学的范畴，是一种因光的折射和全反射而形成的自然现象，是地球上物体反射的光经大气折射而形成的虚像。地球上的气压和气体密度都是各不相同的，阳光遇到不同密度的空气很可能就会折射某处建筑物到海面、沙漠或江面等上面。海市蜃楼，持续的时间长短不一，但能够维持6个多小时的海市蜃楼景象是极其罕见的。海市蜃楼通常在没有风的情况下生成，如果突然起了大风，海市蜃楼也就消失了。有人说海市蜃楼投影的景象怎么在地球上找不到，其实海市蜃楼每次的投影都是从地球上的建筑物而来的，但人类很少能找到这处建筑物，这是因为地球上的建筑物实在是太多了。

第五节　光影漫步

随着快门的开启，时间被凝固下来，作为“此时此刻”的记录是不可重复的，也就成为永远。

——荒木经惟

同学们，当你翻开影册时，各种画面就映入你的眼帘：巍然挺立的名山，汹涌澎湃的大川，姹紫嫣红的百花，展翅飞翔的雄鹰，乘风破浪的船队，英姿飒爽的国家仪仗队，川流不息的车流人浪，……这些能不令人心旷神怡吗？当你打开自己的相册，看到那些特定时空的瞬间记录，能不令人浮想联翩吗？那么，这些多姿多彩的照片是怎样形成的呢？这涉及多方面的知识，我们只从物理学角度加以简要说明。

一、科学探索

实验题目：自制照相机

实验准备：

2 个长方形纸盒，双面胶，剪刀，凸透镜镜片，半透明膜，卡纸。

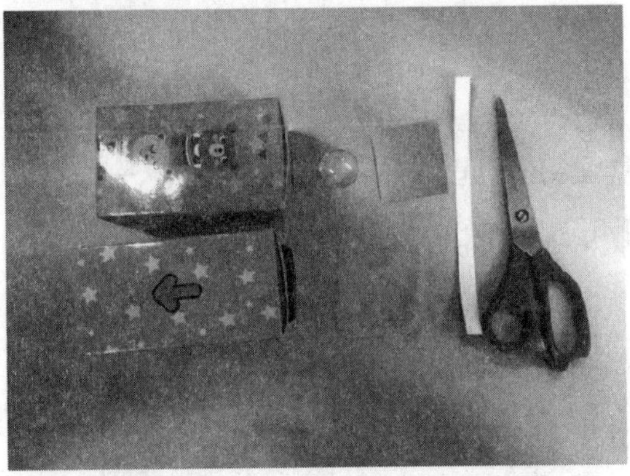

实验步骤：

1. 将一个长方形纸盒一端底面剪出一个比凸透镜镜片稍小的圆形的孔，同样方法将卡纸也剪出一个同样大小的圆形的孔，用双面胶和卡纸把凸透镜镜片固定在纸盒圆孔处，如图所示。将纸盒的另一端的底面挖空。

2. 将另一个长方形纸盒一端的底面用剪刀剪出一个方形的孔，并用双面胶粘上半透明膜，如图所示。将纸盒的另一端的底面挖空。

3. 将两个纸盒套在一起，简易相机就制作完成了。可用它来观察烛焰的成像情况，还可调节像的大小。

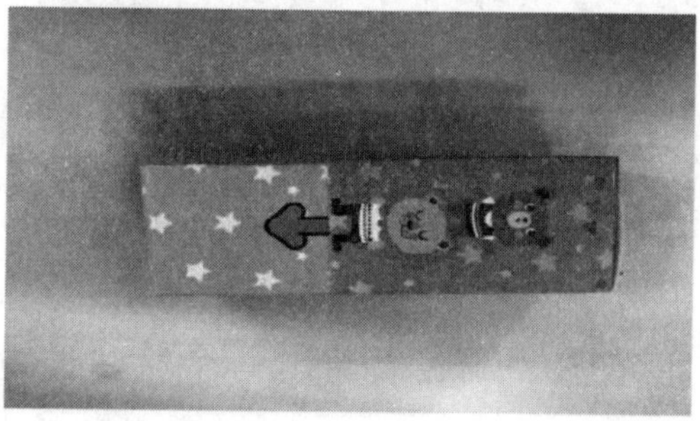

二、阅读材料

视网膜上的像

物体在视网膜上的像原本是倒立的，为什么我们看到的物体却是正立的？为了寻找答案，心理学家曾做过下列试验：他戴上一副特制的眼镜，这种眼镜的光学系统，能使外界物体在视网膜上形成正立的实像：像的上部落到视网膜上部，像的左侧落到视网膜左侧。但心理学家看到的视场却是颠倒的，一切东西都倒转了。他开始特别不习惯，视觉跟触觉和动觉之间常乱套。他用手摸物体、在空间行动都感觉困难：想拿上面的物体，手却常伸到下面；想拿右面的物体，又常常把手伸到左面。但他力求使自己的行动符合客观实际。一周后，视觉逐渐与触觉、动觉协调起来，行动错误减少了。21 天后，他的行动更加自如了，完全能适应这种新的空间关系，他看到的景物都正过来了，周围的一切都恢复正常了。但取掉眼镜之后，又出现了整个环境倒转现象，要过几天才能恢复正常。由上述实验可知：人们观察到的事物不是由视网膜上的像唯一确定的，人在认识外界时，各种感觉器官（视觉、触觉、动觉）作为一个统一主体协同活动、相互验证，通过实践活动，最后才能正确反映客观现实。其实看东西时物是正立的，视网膜上的像是倒立的。

魔杯

有这样一种酒杯，当杯子空空的时候，与普通杯子毫无两样，可是当杯子中斟满了酒，立刻看见杯底呈现出美人图案。这种杯子被称为魔杯。

魔杯其实是利用了光学中的折射原理。魔杯的杯底相当于一个平凸透镜，在杯底下面大约 5 毫米处有一张图片。相对于焦距，由于物距较大，也就是 $u \geqslant f$（即物距≥焦距），此时无法形成正立的虚像。

但是，当斟满酒以后，酒成了一个平凹透镜，叠加在平凸透镜上，相当于把原平凸透镜减薄了。凸透镜变薄，意味着焦距变大，设此时的焦距为 f_1，则 $f_1>f$，原来物距 $u \geqslant f$，现在焦距变大了，所以 $u<f_1$，根据成像规律，此时可以形成正立的放大的虚像。于是酒杯中就出现了图案。

照相机的工作原理和发展史

照相机的发明，是人类一个了不起的成就。它使长时间保存物体的影像成为可能，让那些具有历史意义的事件得以形象再现。人们早就有一个梦想，希望把有形的东西照原样不变地记录下来。而在古代，只有采取绘画的方法。不过，无论多么高明的画师，也难以把物体的原形毫不走样地记录下来。

为了解决这个问题，人们发明了利用光学原理的照相机。最原始的照相机，是通过针孔使物体的影像映照在墙壁上。16 世纪的大画家达·芬奇，就用过这种方法把风景正确地映照在墙上。但这种方法本身并不能记录，只不过是投影而已。

1802 年，英国人维丘德首先利用硝酸银的感光作用，把硝酸银涂在纸片上，制成了印相纸。1827 年，法国人尼布斯在玻璃板上撒上沥青粉末，上面再敷上一层蜡，使它成为半透明体。在阳光下，经过长时间照射，就留下实物的白色影子，制成不会消逝的照片。

1839 年，法国学者达盖尔发现了一种新的感光材料。一次，他无意中把一把银匙放在用碘处理过的金属板上，过了一会儿，他发现这把银匙的影子居然印到了金属板上。这一现象使他大为吃惊。于是，他专门磨制金属板，又在上面涂了碘，用镜头进行拍摄，果然拍下了薄薄的影子。又有一天，他到药品箱中找药品，突然看到过去曝过光的底片上，影像变得十分清晰。这是什么原因呢？他想很可能是药箱里的某种药品在发生作用。为了找到答案，他每天晚上把一张曝过光的底片放进药箱。次日早晨，在取出底片的同时，取出一瓶药。他想：如果取出了那种起作用的药品，再放进去的底片，影像就不可能显现清晰了。

使达盖尔意外的是，当箱子里的药品全部取完后，而底片仍然显像清晰。为了彻底查清原因，他把箱子翻了个底朝天，终于发现了箱子里有一些小水银珠。他马上意识到：奇迹一定是这些小水银珠造成的。因为箱子里温度较高，使水银蒸发影响底片，使得显像更加良好。

为了证实这一判断，达盖尔把曝过光的底片放在暗室里，用水银蒸气做试验，果然取得了预期效果。这样，他就解决了照相的关键技术——显影问题。接下来，他又解决了定影技术，从而彻底解决了照相技术问题。所以，照相技术的发明自然也应归功于他。

后来，照相机不断发展，成像质量和感光速度大大提高。1889 年，美国人伊斯特曼发明了柯达照相机。它小巧玲珑，可以提在手上使用，深受人们的喜爱。用它拍照只需三个简单动作：卷胶片、调快门和按快门。至今，这家公司还有一条风趣的广告用语：“您按快门，其余的事我们做。”

20 世纪以来，照相机五花八门。20 世纪末，现代电子技术的发展日新月异，一种新型的照相机——数码照相机问世了。它不再使用照相胶卷，而是利用电子器件记录物体的影像，再用计算机处理后成像，省去了冲洗底片的麻烦。如果觉得照片不满意，还可以做一些适当加工，以达到理想的效果。

第六节　走进微观世界

一滴水，用显微镜看，也是一个大世界。

——鲁迅

一、阅读材料

显微镜

《金刚经》有云：凡有所相，皆是虚妄。我们看到的一切都是真实的吗？本文将为您呈现一个神秘的、一个肉眼看不到的世界。你能想象当我们身边最熟悉的东西置身于显微镜下是什么样子吗？当苍蝇被放大，变得令人毛骨悚然；当沙子被放大，尽显大自然的痕迹；……这些都颠覆了我们对最熟悉的东西的认知。正如我们常说的“一沙一世界”，组成我们大千世界的每一个最小元素都有其独特的形态和严密的结构。

人类很早以前就想探索微观世界的奥秘，但是苦于没有理想的工具和手段。1675 年，荷兰生物学家列文虎克用显微镜发现了十分微小的原生动物和红细胞，甚至用显微镜研究动物的受精作用。列文虎克掌握了很高的磨制镜片的技艺，制成了当时世界上最精致的可以放大 270 倍的显微镜。以后几百年来，人们一直用光学显微镜观察微观世界和探索眼睛看不到的世界，但是由于光学显微镜的分辨率只能达到光波的半波长左右，使人类的探索受到了限制。

提高显微镜分辨率的途径之一就是设法减小光的波长，或者用电子束来代替光。根据德布罗意的物质波理论，运动的电子具有波动性，而且速度越快，它的“波长”就越短。如果能把电子的速度加到足够高，并且汇聚，就有可能用来放大物体。

进入20世纪，光电子技术得到了长足的发展，1931年德国人制成了第一台电子显微镜后，德国科学家马克斯·克诺尔和恩斯特·鲁斯卡制造出了世界上第一台透射电子显微镜（TEM）。1938年，第一台扫描电子显微镜（SEM）研发成功。电子显微镜是20世纪最重要的发明之一。由于电子的速度可以加到很高，电子显微镜的分辨率可以达到纳米级（10^{-9}米）。很多在可见光下看不见的物体，如病毒，在电子显微镜下现出了原形。

用电子代替光，这或许是一个反常规的主意，但是还有更令人吃惊的。1981年，IBM公司瑞士苏黎世实验室的两位科学家盖尔德·宾尼和海因里希·罗雷尔发明了扫描隧道显微镜（STM）。这种显微镜完全失去了传统显微镜的概念。

很显然，你不能直接“看到”原子。因为原子与宏观物质不同，它不是光滑的、滴溜乱转的小球，更不是达·芬奇绘画时候所用的模型。扫描隧道显微镜依靠所谓的“隧道效应”工作，如果舍弃复杂的公式和术语，这个工作原理其实很容易理解。扫描隧道显微镜没有镜头，它使用一根探针，探针和物体之间加上电压。如果探针距离物体表面很近，大约在纳米级的距离上时隧道效应就会起作用。电子会穿过物体与探针之间的空隙，形成一股微弱的电流。如果探针与物体的距离发生变化，这股电流也会相应地改变。这样，通过测量电流我们就能知道物体表面的形状，分辨率可以达到单个原子的级别。因为这项奇妙的发明，宾尼和罗雷尔获得了1986年的诺贝尔物理学奖。这一年还有一个人分享了诺贝尔物理学奖，那就是电子显微镜的发明者恩斯特·鲁斯卡。

据说，几百年前列文虎克把他制作显微镜的技术视为秘密。而今天，显微镜，至少是光学显微镜，已经成了一种非常普通的工具。

中国“天眼”工程——500米口径球面射电望远镜

500米口径球面射电望远镜，简称FAST，位于贵州省黔南布依族苗族自治州平塘县喀斯特洼坑中，工程为国家重大科技基础设施。

500米口径球面射电望远镜被誉为“中国天眼”，由我国天文学家南仁东于1994年提出构想，历时22年建成，于2016年9月25日落成启用。它是由中国科学院国家天文台主导建设、具有我国自主知识产权、世界最大单口径、最灵敏的射电望远镜，其综合性能是著名的射电望远镜阿雷西博的10倍。“天眼”工程由主动反射面系统、馈源支撑系统、测量和控制系统、接收机和终端及观测基地等几大部分构成。

截至2018年9月12日，500米口径球面射电望远镜已发现59颗优质的脉冲星候选体，其中有44颗已被确认为新发现的脉冲星。

二、科学探索

实验题目：自制显微镜

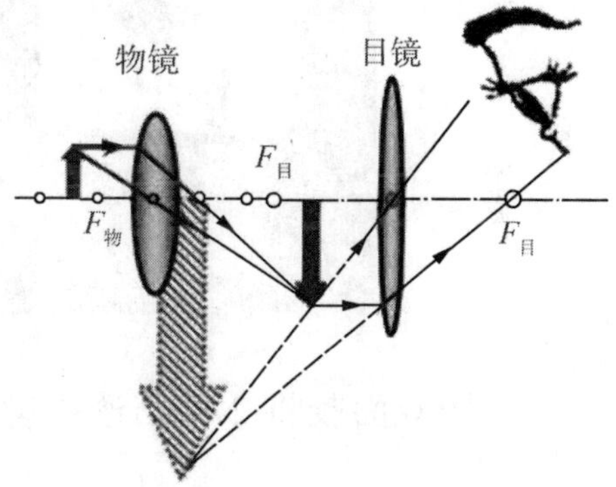

提起显微镜，大家都觉得它应该是放在实验室里的高级设备，但其实在家中，利用我们身边的物品就能制作一个简易的显微镜，有了它你就可以看到肉眼看不到的微观世界了！心动不如行动，下面我们就动手尝试一下吧！

实验准备： 2个纸盒，铅笔，双面胶，剪刀，2个凸透镜镜片，卡纸。

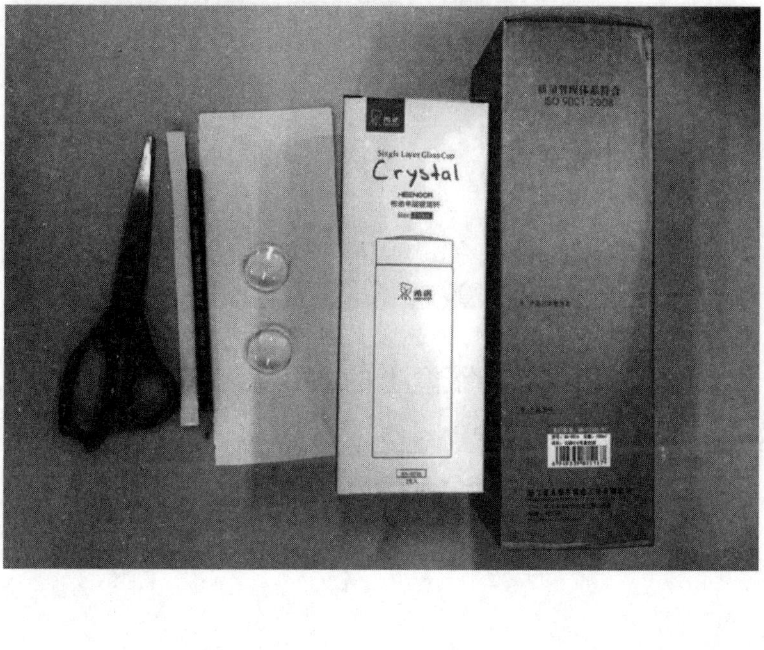

实验步骤：

1. 分别将 2 个纸盒的一端底面剪出一个比凸透镜镜片稍小的圆孔，并将 2 个纸盒的另一端底面挖空。

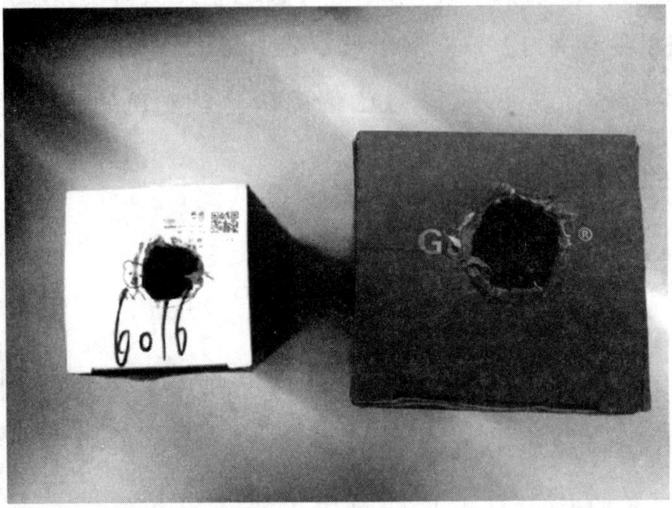

2. 用双面胶将 2 个凸透镜镜片分别固定在 2 个纸盒剪开的圆孔处。

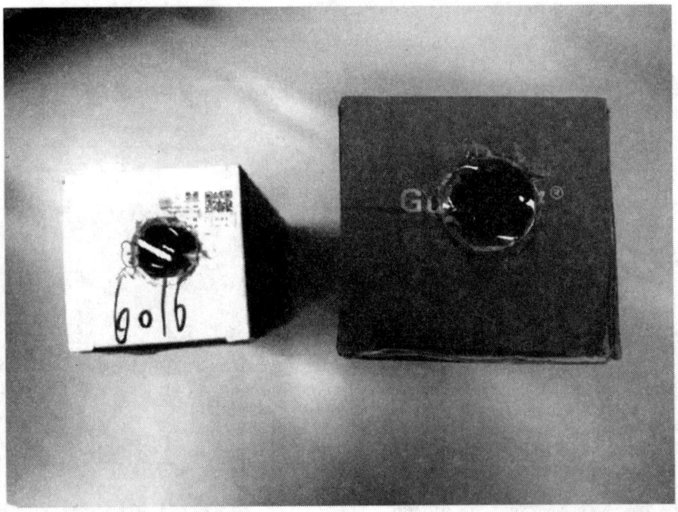

3. 将卡纸卷成一个底面与纸盒上的圆孔大小差不多的圆筒，并用双面胶固定好。

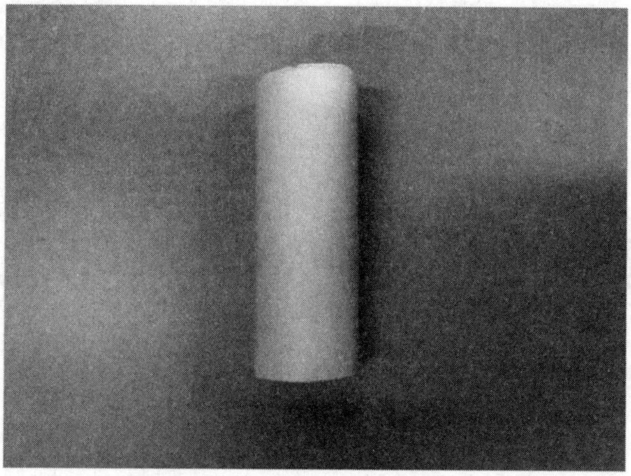

4. 将 2 个纸盒套在一起，并将小纸筒粘在纸盒一端镜片处。一个简易的显微镜就制作好了。

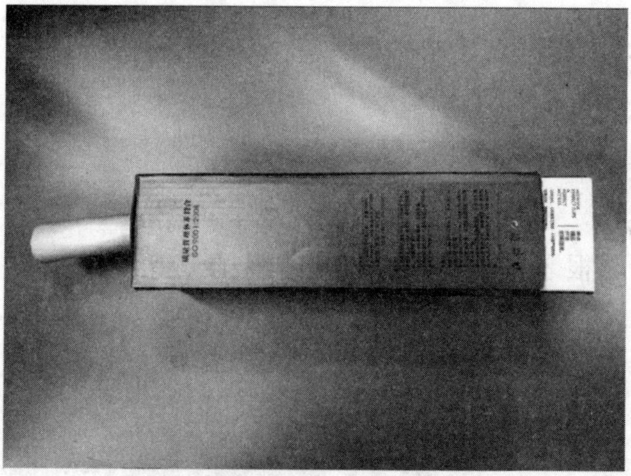

探根求源：

靠近眼睛观察处的凸透镜相当于目镜，另一端的凸透镜相当于物镜。根据凸透镜的成像原理：被观测的物体所反射的光，第一次先经过了物镜，形成一个放大的倒立的实像；之后以第一次成的物像作为“物体”，再经过目镜成像，形成一个放大的正立的虚像。如果相对于被测物体，我们看到的则是一个放大的倒立的虚像。

第三章　神奇的热现象

第一节　神奇的热空气

一、科学探索

实验题目：纸杯旋转灯

实验准备：

2 个纸杯，2 根牙签，蜡烛，胶枪，绳子，剪刀。

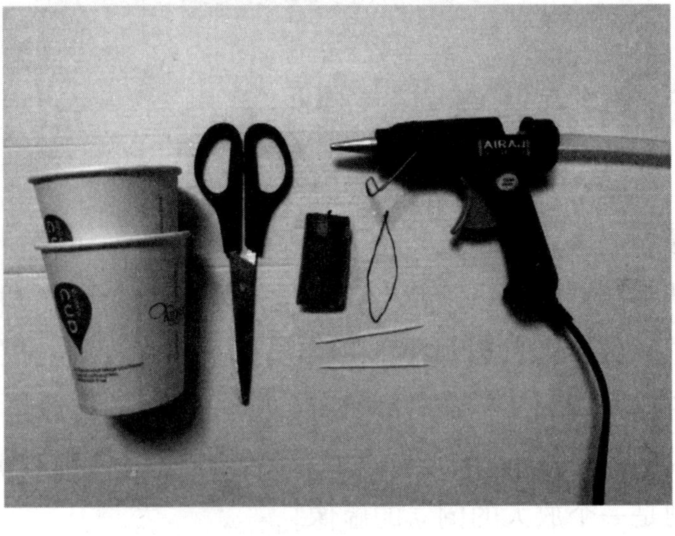

实验步骤：

1. 取一个纸杯，在杯身剪出 2 个相对的方形的孔，在杯底固定上蜡烛，作为灯的底座。

2. 在另一个纸杯杯身剪出三四个长方形的扇叶，注意扇叶朝同一方向偏折，在杯底中央处穿上绳子，并在纸杯内侧用牙签固定，作为灯的上座，如图所示。

3. 将两个纸杯口对口用胶枪粘好固定。

4. 点上蜡烛，提起绳子，看看有什么现象产生。

探根求源：

空气受热会上升，然后沿着上方纸杯的扇叶口流动，因而造成纸杯旋转的现象。

想一想：

你能让蜡烛纸杯灯向相反的方向转动吗？

二、阅读材料

热气球发展史

18 世纪，法国造纸商蒙戈尔菲耶兄弟因受碎纸屑在火炉中不断升起的启发，用纸袋聚热气做实验，使纸袋能够随着气流不断上升。

1783 年 6 月 4 日，蒙戈尔菲耶兄弟在里昂安诺内广场做公开表演，一个圆周为 110 英尺（1 英尺≈0.3 米）的模拟气球升起，这个气球用糊纸的布制成，布的接缝用扣子扣住。兄弟俩用稻草和木材在气球下面点火，气球慢慢升了起来，飘然飞行了 1.5 英里（1 英里≈1 609.3 米）。乘坐蒙戈尔菲耶兄弟制造的气球的第一批乘客是一只公鸡、一只山羊，还有一只鸭子。

同年 9 月 19 日，在巴黎凡尔赛宫前，蒙戈尔菲耶兄弟为国王、王后、宫廷大臣及 13 万巴黎市民进行了热气球的升空表演。

同年 11 月 21 日下午，蒙戈尔菲耶兄弟又在巴黎穆埃特堡进行了世界上第一次载人空中航行，热气球飞行了 25 分钟，在飞越半个巴黎之后降落在意大利广场附近。这次飞行比莱特兄弟的飞机飞行整整早了 120 年。

第二次世界大战以后，高新技术使球皮材料及致热燃料得到普及，热气球成为不受地点约束、操作简单方便的公众体育项目。

20世纪80年代，热气球引入中国。1982年美国著名刊物《福布斯》总编辑史提夫·福布斯的父亲马尔康姆·福布斯先生驾驶热气球、摩托车旅游来到中国，完成了驾驶热气球飞临世界每个国家的愿望。

第二节　神奇的温度计

一、科学探索

实验题目：简易温度计的制作

实验准备：

玻璃酸奶瓶，吸管，刻度尺，卡纸，笔，泡沫板，热熔胶枪，细铁丝（直径比吸管口径小），双面胶，剪刀，2个碗，加了红墨水的常温水，冰水，热水。

实验步骤：

1. 用泡沫板裁剪一个圆形盖子，直径略大于酸奶瓶口，并在泡沫盖的中央开一个与吸管直径相当的小孔。

2. 将吸管插入泡沫盖的小孔，插入深度约1.5厘米，用热熔胶枪密封固定好。

3. 将卡纸裁剪成大小适中的长方形作为刻度板，借助刻度尺和笔标出刻度，并利用双面胶将吸管固定在刻度板中央。

4. 将酸奶瓶盖上步骤2制作的泡沫盖，用热熔胶枪密封固定。

5. 利用细铁丝引流，向吸管中加入适量的加了红墨水的常温水，使吸管中液面最高点对准零刻度线处，完成简易温度计的制作。

6. 将简易温度计放在装有热水的碗内，稍等片刻，观察液柱的变化情况，可以发现液柱逐渐上升。

7. 将简易温度计放在装有冰水的碗内，稍等片刻，再次观察液柱的变化情况，可以发现液柱逐渐下降。

想一想：

你能利用老师提供的温度计，给自己制作的温度计标上更多、更准确的刻度吗？

探根求源：

将简易温度计放入热水中，温度计内的水受热膨胀，体积变大，所以液柱会上升；将简易温度计放入冰水中，温度计内的水受冷收缩，体积变小，所以液柱会下降。

第三节　神奇的蒸汽力量

一、科学探索

实验题目：热蒸汽水轮机

实验准备：

导热性好的铜管，蜡烛，泡沫，自来水管，打火机，盛水容器。

实验步骤：

1. 将铜管折成多弯连通形，两端做成顺时针出水口。

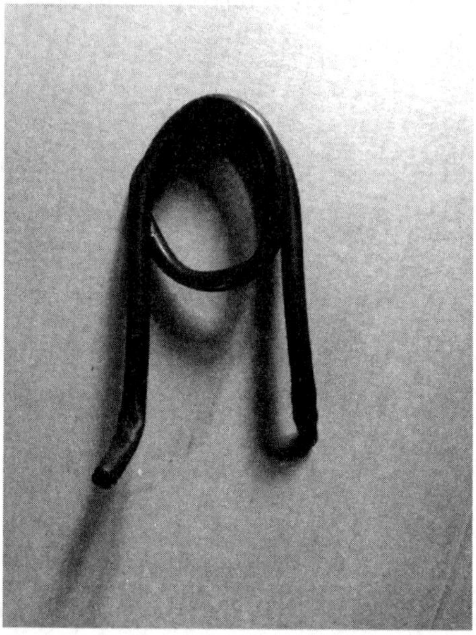

2. 将铜管固定在泡沫上，打开自来水管，将铜管注满水。

3. 在容器中加入水，让铜管漂浮在水面上，在铜管 S 形弯的正下方，固定蜡烛并点燃，当铜管内的水沸腾后，发现泡沫迅速地转动起来。

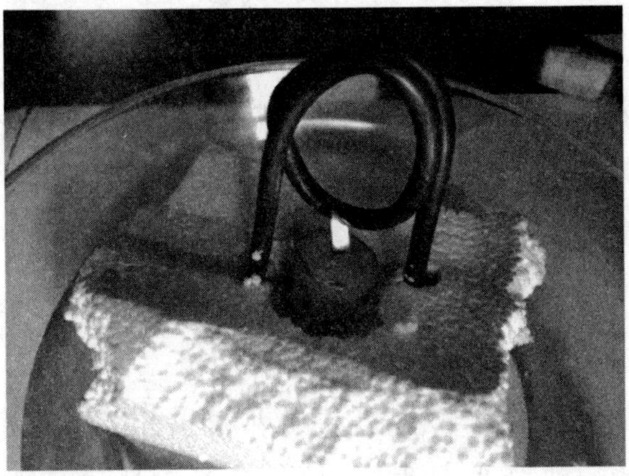

探根求源：

水在沸腾时变成高温高压的水蒸气，当水蒸气不断地从铜管冒出时，由于出口是一个顺时针的方向，所以带动泡沫顺时针转动。

想一想：

如何能将泡沫逆时针转动呢？

二、阅读材料

瓦特与蒸汽机

在瓦特的故乡——格林诺克的小镇上，家家户户都是生火烧水做饭。对这种司空见惯的事，有谁留过心呢？瓦特就留了心。一天，他在厨房里看祖母做饭。灶上坐着一壶开水，开水在沸腾，壶盖“啪啪啪”地作响，不停地往上跳动。瓦特观察好半天，感到很奇怪，猜不透这是什么缘故，就问祖母：“什么东西使壶盖跳动呢？”

祖母回答说：“水开了，就这样。”

瓦特没有满足，又追问：“为什么水开了壶盖就跳动？是有什么东西推动它吗？”

可能是祖母太忙了，没有功夫理他，便不耐烦地说：“不知道。小孩子刨根问底地问这些有什么意思呢?!”

瓦特在祖母那里不但没有找到答案，反而受到了批评，心里很不舒服，可他并不灰心。

连续几天，每当祖母做饭时，他就蹲在火炉旁边细心地观察着。起初，壶盖很安稳，隔了一会儿，水要开了，发出“哗哗”的响声。当壶里的水蒸气冒出来，就推动壶盖跳动了。水蒸气不住地往上冒，壶盖也不停地跳动，好像里边藏着个魔术师在变戏法似的。瓦特很高兴，几乎叫出声来，他把壶盖揭开又盖上，盖上又揭开，反复验证。他还把杯子、调羹遮在水蒸气喷出的地方。瓦特终于弄清楚了，是水蒸气推动壶盖跳动，这水蒸气的力量还真不小呢！

就在瓦特欣喜若狂的时候，祖母又开腔了：“你这孩子，不知好歹，水壶有什么好玩的，快给我走开！”她漫不经心地说。他的祖母过于急躁和主观了，这随随便便不放在心上的话，险些挫伤了瓦特的自尊心和探求科学知识的积极性。年迈的老人啊，根本不理解瓦特的心，不知“水蒸气”对瓦特有多么大的启示！水蒸气推动壶盖跳动的物理现象，不正是瓦特发明蒸汽机的认识源泉吗？

1769 年，瓦特把蒸汽机改为发动力较大的单动式发动机。后来他又经过多次研究，于 1782 年改良了往复式蒸汽机，使之成为可以广泛使用的热机。

第四章　各种各样的力

第一节　重　力

一、阅读材料

神奇的重力

16 世纪，“地理大发现”给欧洲的商人带来了无限商机。大批的荷兰商人往返于欧洲和印度，把一船船的葡萄酒、乳酪、帽子运往印度，再把香料、黄金和象牙带回欧洲，赚取了大笔的利润。

有一次，荷兰的一位商人接到一个大订单，要运送一船葡萄酒到印度孟买。到了交货时，孟买富商发现，葡萄酒竟然少了几十千克。荷兰人再三解释，没有人碰过这些酒，但印度人就是不相信。他们又仔细检查了一遍货柜，葡萄酒确实一瓶没少，封口也没有动过的痕迹。他们又重新称了每瓶葡萄酒，发现每瓶酒似乎都轻了一点。荷兰人百思不得其解，到底是什么样的小偷能够不留一点痕迹地从瓶子里把酒偷走呢？当荷兰人把从印度买来的香料带回国后，他们惊异地发现，小偷似乎良心发现，补偿了他们的损失，香料突然变重了。为何从荷兰往孟买运送货物会变轻，而从孟买往荷兰送货会变重呢？这个奇怪的小偷身处何地，为何要愚弄这些商人呢？他们不知道，这其实是世界各地重力不同的缘故。

二、科学探索

(一) 实验题目：叉子的平衡术

实验准备：

2 把叉子。

实验步骤：

1. 将叉子的四个齿交叉别在一起，如图所示。

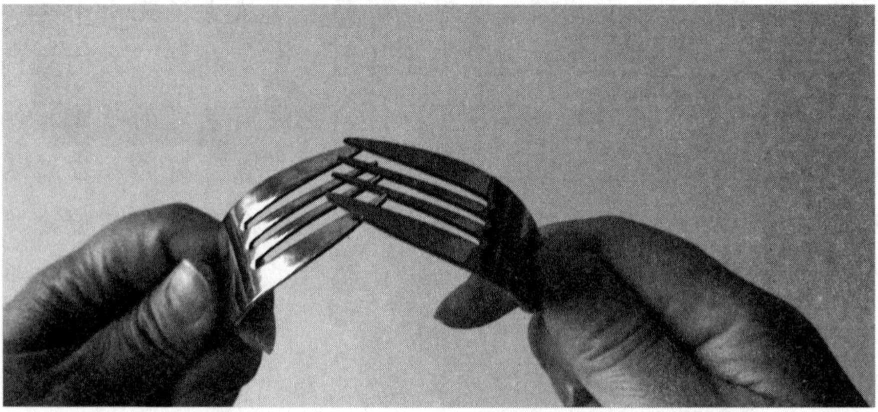

2. 将手指放在装置合适的地方，整个装置会平衡而不掉落，像一个大雕展翅飞翔。

探根求源：

手指支在了整个装置的中心，自然就能够保持平衡。

（二）实验题目：玩魔术的小盒子

实验准备：

硬币若干，大小合适的空纸盒。

实验步骤：

1. 空纸盒放在桌沿上，使 2/3 露在外面，结果盒子从桌子上掉了下去。

2. 在盒子的一端放两摞硬币。

3. 把盒子重新放到桌沿上，让没有硬币的一端在桌子外面，仍然保持有 2/3 的盒子露在外面，此时你会发现，盒子并没有从桌子上掉下去。

探根求源：

当纸盒空着的时候，其重心所在的位置就是它的几何中心。当它有 2/3 的体积露在桌子外面的时候，其重心也就离开了桌子。由于受到重力的作用，盒子就会倾斜，以致落到地面上。而在盒子的一端放上硬币后，其重心就不在几何中心了，而是偏向于有硬币的一端。此时，即使有 2/3 的体积露在外面，但盒子的重心仍然没有离开桌子，因此盒子仍会待在桌子上而不会掉下去。

三、科学知识

◆比萨斜塔为什么倾斜了800多年而至今不倒？

重心即物体各部分所受重力的合力的作用点。把一个平底的物体放在水平面上，只要其重心不落在底面之外，这个物体就不会倒。比萨斜塔的重心落在底部之内，加上它拥有坚实的塔基，所以在漫长的时间内，比萨斜塔能够斜而不倒。

◆为什么不倒翁总能站起来？

不倒翁的底部装有较重的铁块，所以重心很低，从而保证不倒翁特别稳定，即使倒了还能自己再站起来。另外，不倒翁的肚子又大又圆，当它向一边倾斜时，其重心和桌面的接触点不在同一条垂线上，在重力的作用下，它就会立起来。

◆“没有重力”的世界

既然重力在地球上无处不在，那么，我们能不能找到一个“没有重力”的世界呢？在这样一个世界里，又会发生一些什么有趣的事情呢？

显然，“没有重力”的世界和我们现实的世界大不相同：没有重力，我们起跳后就无法落回地面，而是会一直向天空飞去；没有重力，飞扬的尘土会永远飘浮在空中；……这时候，整个地球将是一片混沌。

当然，这种情形不会真的出现。但是，在某些情况下，我们确实能体会到“没有重力”的滋味，这就是失重。

你可曾有过这样的经验：当电梯刚开始下降时，你会有一种不寻常的轻飘飘的感觉，仿佛在向一个无底深渊跌下去。在电梯开动的一瞬间，人脚底下电梯厢的地板已经落了下去，而人却还没有来得及产生同样的速度，在那一瞬间，人的身体几乎没有压在地板上，因而所感受到的电梯厢地板对自己的支撑力也非常小，就有了“失重的感觉”。这一瞬间过去以后，人的身体就会用比匀速下落的电梯更快的速度落下去。当人对电梯地板施加的压力重新等于自己原有的体重时，失重感也就消失了。

第二节　浮　力

一、阅读材料

地中海

在离地中海不远的以色列、约旦和巴勒斯坦的交界处，有一片著名的内陆盐湖——死海。死海其实不是海，而是一个南北长、东西短的湖泊，面积约有1 000平方千米。不过死海的“死”字却可以说是名副其实，因为不但各种鱼类无法在湖里存活，就连岸边草木也很稀少。

死海还有一个奇特之处：任何人，哪怕根本不会游泳，也能安然地躺在水面上，不用担心会沉下去！许多游客来到死海，都会怀着强烈的好奇心，躺在水面上试一试。于是，死海就更加声名远扬。

为什么人在普通的江河湖海里会下沉，而在死海里却能漂浮在水面上？其奥秘就在于死海里的水。原来，由于死海地处沙漠附近，水分蒸发特别严重，因此水中的含盐度比一般的海水要高得多。江河里淡水的密度为1克/厘米^3，普通海水的密度大概为1.03克/厘米^3，它们都低于人体在通常条件下的密度（1.1克/厘米^{3}左右），人体在淡水和普通海水中所受到的浮力小于自身重量，因此会下沉。而死海中水的密度大于1.1克/厘米^3，所以人的身体在死海中能被水托起，可以漂浮在水面上。

二、科学探索

（一）实验题目：沉下去和浮起来

将同一种物质放在水中，其形状不同，在水中的状态也就不同：有时可以浮在水面上，有时却沉入了水底。你知道这是为什么吗？

实验准备：

橡皮泥，2个玻璃球，水槽，水。

实验步骤：

1. 在水槽里盛适量的水，把橡皮泥捏成球形，放进水槽里，橡皮泥球沉入了水底。

2. 把橡皮泥球从水里拿出来，并捏成碗状。

3. 把橡皮泥碗放进水槽里，橡皮泥碗浮在水面上，然后往橡皮泥碗里放入 2 个玻璃球，你会发现装有玻璃球的橡皮泥碗仍然浮在水面上。

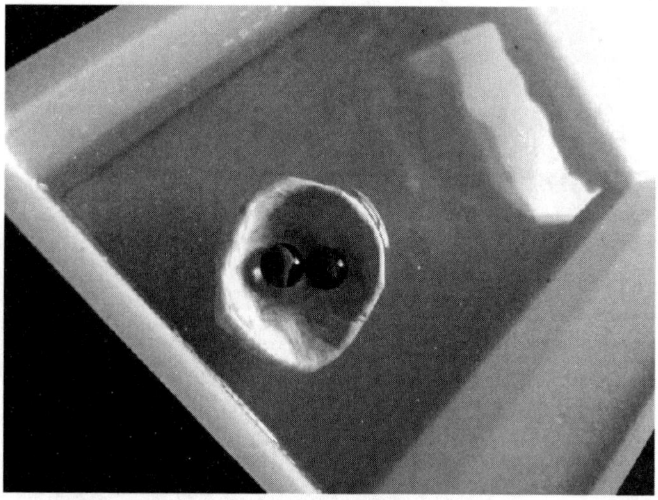

探根求源：

根据阿基米德浮力定律，物体能否浮在水面上和它排开水的体积有关。球形橡皮泥排开的水的体积很小，它受到的浮力小于其自身重量，因而沉入水中。将橡皮泥捏成碗状后，虽然它的重量没有变化，但排开的水的体积却增大了，橡皮泥所受浮力大于其自身的重量，所以它能浮在水面上。放入玻璃球后，橡皮泥碗排开的水的重量仍大于玻璃球和橡皮泥的重量之和，所以也不会沉没。

（二）实验题目：玉器商家三步鉴别真假玉器

小宇妈妈花 500 元买了一个玉镯，她找到一个做玉器生意的好朋友进行鉴别，这个玉商三步测出了这个玉器的密度，鉴别出了真假。他是怎么做的呢？

实验准备：

天平，盛有水的容器，玉镯，细线。

实验步骤：

1. 将盛有水的容器放在天平的左盘，测出容器和水的总质量 m_1。

2. 用细线系住玉镯，将玉镯放入容器中，调节天平平衡，读出天平的示数 m_2。

3. 用细线提起玉镯，不接触容器底和容器壁，但是不提出水面，重新调整天平平衡，读出天平的示数 m_3。

4. 计算出玉镯的密度为（m_2-m_1）/（m_3-m_1）（克/厘米^3）。

探根求源：

当玉镯直接放入水中，天平增加的示数就是玉镯的质量，即 m_2-m_1 克。当用细线提着玉镯，浸没在水中，这时天平增加的示数是玉镯排开水的质量，即 m_3-m_1 克，由于水的密度是 1 克/厘米^3，所以玉镯排开水的体积是 m_3-m_1 立方厘米，由于玉镯完全浸没在水中，所以玉镯排开水的体积等于玉镯的体积。用玉镯的质量除以玉镯的体积，得出玉镯的密度，即（m_2-m_1）/（m_3-m_1）克/厘米^3。玉器的密度一般为 2.9~3.1 克

/厘米^3，如果密度不在这个范围，则玉镯是假的。同学们，拿你妈妈的玉镯测一测吧。

三、科学知识

◆飞机能飞到月亮上去吗？

不能。飞机是靠空气托着往上升的，地球表面的大气层有100米厚，天空越高，空气就会变得越稀薄，对飞机的浮力就越小。到了一定高度以后，空气对飞机的浮力就小于飞机所受的地球引力。所以普通飞机是根本没有办法冲出大气层，飞到月亮上去的。

◆船的历史

古人很早就认识到，任何物体在水中都要受到水的浮力。船，大概就是人类利用水的浮力的一项最早的发明。船舶使人类可以自由地行驶在水上，从而改变了江河湖海阻碍人类相互交流的历史。

在还没有文字记载的史前神话时代，原始人就已经发明了一种最早的船——独木舟。他们利用石斧等工具，将圆圆的树干削平，中间掏空，可以坐人。中国的古籍《易经》中有“刳木为舟”的记载，就是说独木舟是刳木而成的。1958年，我国江苏省的武进曾出土3条独木舟，据考证属于春秋战国时期，现存于中国历史博物馆。

随着时代的发展，人们发明了各式各样的船——摇橹的船、挂帆的船、金属材质的船，以及后来的机动船、气垫船等。但除了气垫船之外，所有船舶都是根据物体的浮沉条件和浮力原理设计并制造的。

第三节 压 力

一、阅读材料

坦克

坦克利用履带行走，就像铺了一道无限延长的轨道一样，使它能够平稳、迅速、安全地通过各种复杂路况。由于与地的接触面积大，所以增大了坦克在松软、泥泞路面上的通过能力，降低了下陷量。由于履带板上有花纹并能安装履刺，所以在雨、雪、冰或上坡等路面上行走时能牢牢地抓住地面，不会打滑。由于履带触地面长度达 4~6 米，诱导轮中心位置较高，所以通过壕沟、垂壁的能力较强；一般坦克的越壕宽度可达 2~3 米，可通过 1 米高的垂直墙。由于轮胎对气压要求比较高，有时很容易出现爆胎，对作战有很大影响，并且轮胎很容易陷入泥泞的路面，但是履带就不会陷入，这是因为它与地面的接触面积要远远大于轮胎与地面的接触面积。因此，对于坦克来说要采用履带式而不用轮胎式。

二、科学探索

（一）实验题目：坦克履带模拟实验

坦克号称“陆战之王”，有的重约 50 吨。然而，看似笨重的坦克不仅能在坚实的道路上勇往直前，还能在松软的沙土地上行走自如，这是为什么呢？下面我们通过一个小实验来解密。

实验准备：

海绵，厚纸板，50 个铁钉，透明胶带，剪刀，重物。

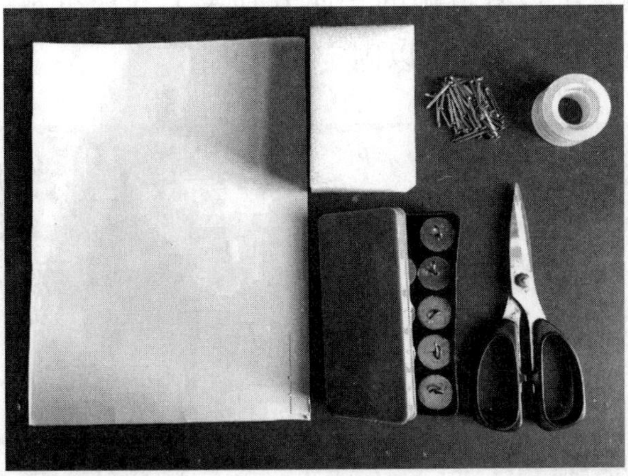

实验步骤：

1. 用剪刀把厚纸板剪出与海绵表面积大小相同的四块方形纸板。

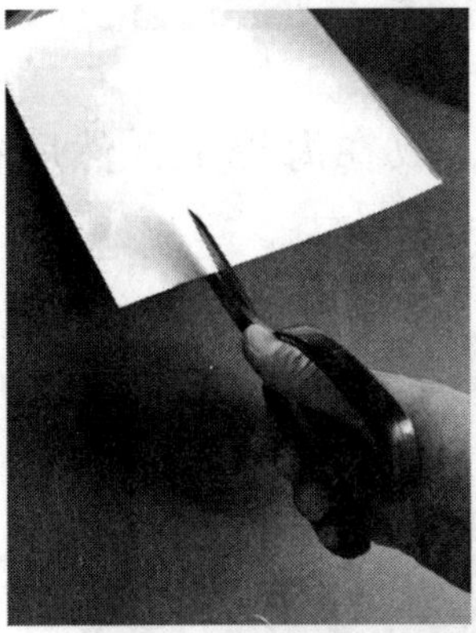

2. 在一块纸板上钉 5 个铁钉，在另一块纸板上均匀地钉上 45 个铁钉。

3. 在上述两块纸板有钉帽的一面分别盖上一块纸板，用透明胶带粘起来，这样，纸板的铁钉就可以固定住了。

4. 将钉有 5 个钉子的纸板，钉尖朝下，放在海绵上，然后在纸板上面放重物，观察钉子钉入海绵的深度，深度比较深。

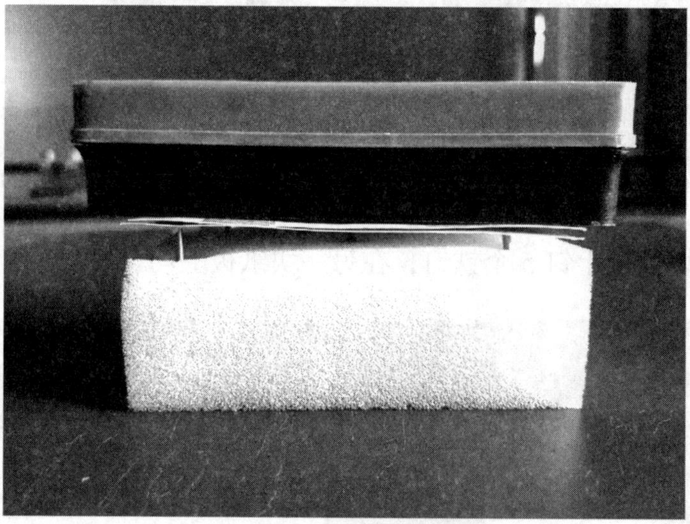

5. 将钉有 45 个钉子的纸板，钉尖朝下，放在海绵上，然后在纸板上面放重物，观察钉子钉入海绵的深度，深度比较浅。

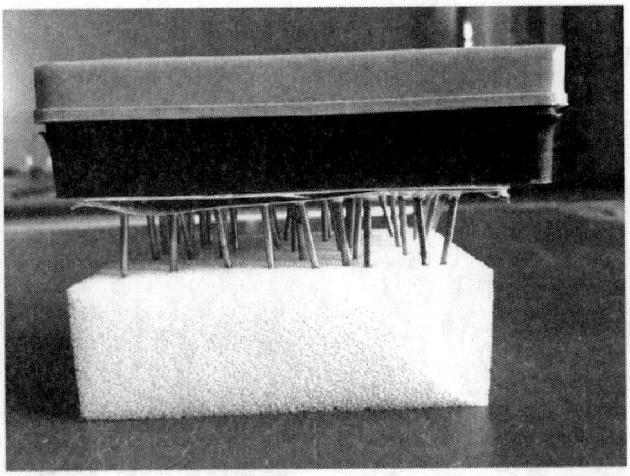

探根求源：

压力是指物体所承受的与表面垂直的作用力。压力的作用效果与压力大小和受力面积有关。压力越大，受力面积越小，压力的作用效果越明显。

第一块纸板只有 5 个铁钉，重物对纸板的压力都集中到了这 5 个铁钉上，所以这块纸板会陷得深一些。但是对于另一块纸板来说，重物对纸板的压力分散到了 45 个铁钉上，每个铁钉上受的压力小多了，这些钉子自然就不会陷得很深了。坦克上装有履带，就是这个道理。

（二）实验题目：自制喷水器

实验准备：

吸管，剪刀，装有水的杯子。

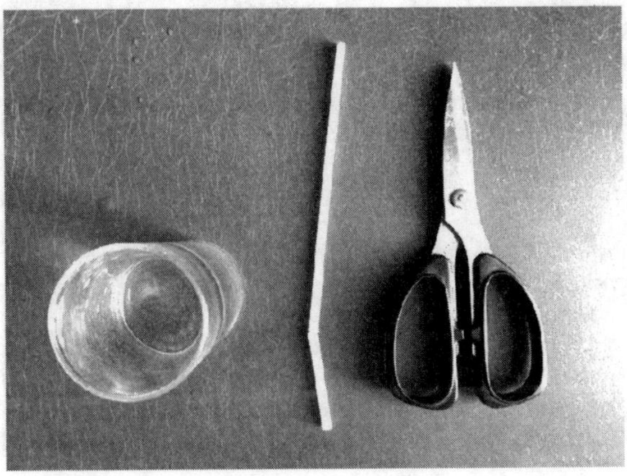

实验步骤：

1. 用剪刀将吸管剪成长短不同的两段直管。

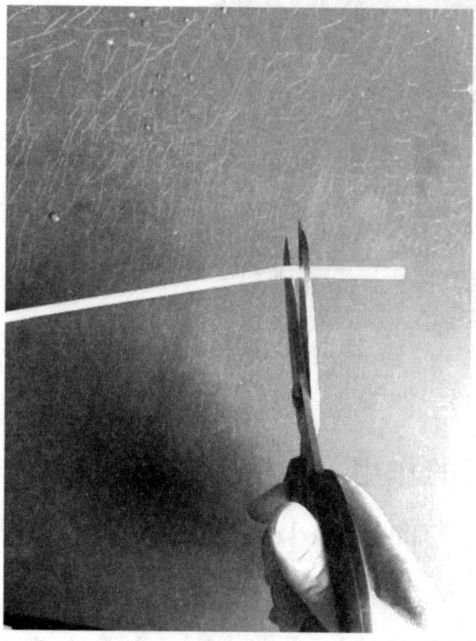

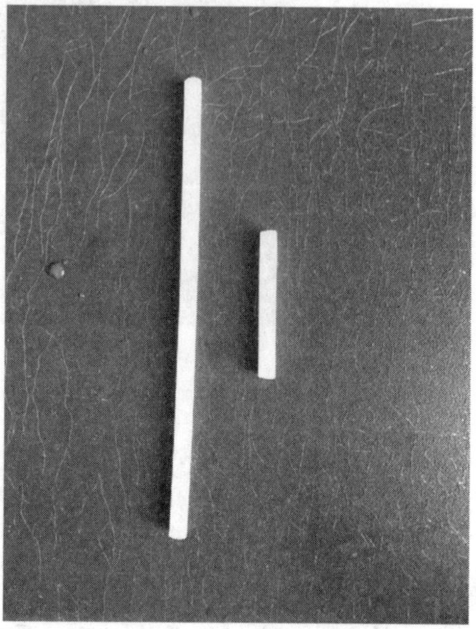

2. 把短吸管一端放进杯子水面以下，长吸管垂直短吸管按如图所示放置。洒水器就制作好了。

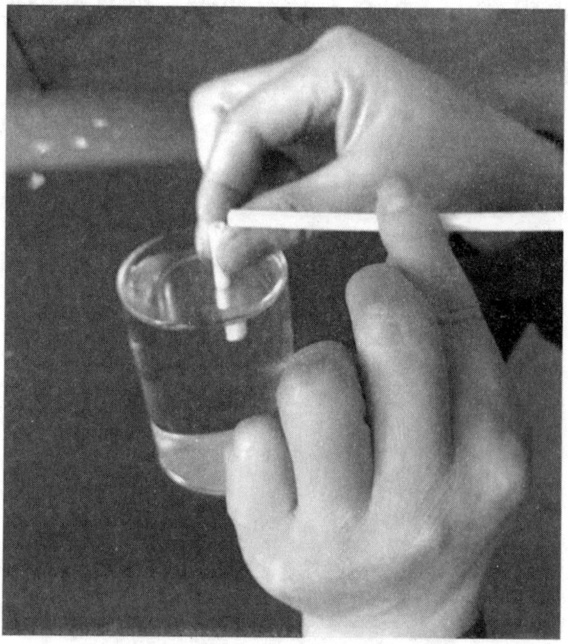

3. 对着长吸管用力吹气，短吸管便喷出了一股水。

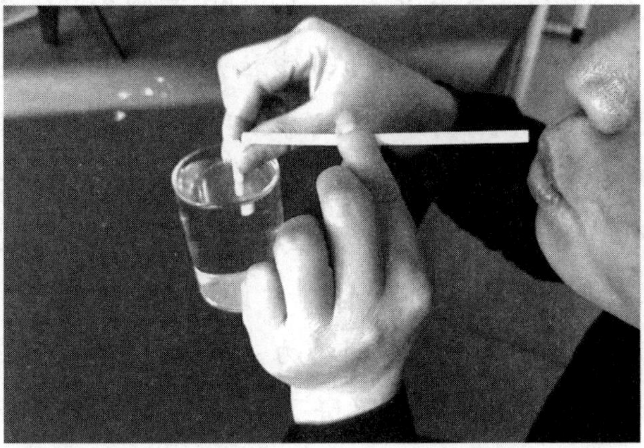

探根求源：

对着长吸管吹气时，有一股气流穿过短吸管的开口上方。于是，短吸管开口周围的气压减小，杯子水面上方正常的大气压便把水压进了短吸管，所以水就从短吸管的开口处喷出来了。

三、科学知识

◆为什么饮料瓶都不装满饮料？

我们日常饮用的可乐、啤酒等瓶装饮料在装瓶时都不是装得满满的，而是留有一定的空间。这是因为，物体的压强会随温度的变化而变化。当温度上升时，水的体积会膨胀变大，瓶子里的空气压强也会变大。如果饮料瓶装的饮料是满的，在温度较高时，随着饮料体积的增加，瓶里面加大的压强就会冲开瓶盖或弄破瓶子。为了避免这种情况发生，饮料瓶里的饮料都不会装满。

第四节　摩擦力

一、阅读材料

2016 年 7 月 10 日，中央电视台大型科学挑战节目《加油！向未来》

播出了这样一个实验，有三样道具：两本纸页相互交叉的电话本黄页，即相对以一页摞一页的方式叠放在一起；100根钓鱼用的鱼线；两个玻璃吸盘。看看40个成年人用拔河的力量能拉开哪一个，结果是玻璃吸盘稍一用劲就拉开了，100根鱼线虽然用了较大的劲，但是也很快被拉开，只有两本纸页交叉叠放在一起的电话本，40个人用拔河的力量也没有拉开。最后在演播厅外实验场地，用两台重型卡车在施加了7 250千克力（1千克力≈9.8牛顿）时，才将两本电话本黄页拉开，同时产生了非常大的响声。7 250千克力相当于约7万牛顿的力，也就是相当于在竖直方向去提升7吨的重物的力。是什么力量阻碍了两本电话本黄页分开呢？答案是摩擦力。

二、科学探索

（一）实验题目：会滚动的书

水平移动一本厚书，怎样会更加省力呢？

实验准备：

1米长的细线，弹簧秤，圆形的签字笔若干，1本厚书。

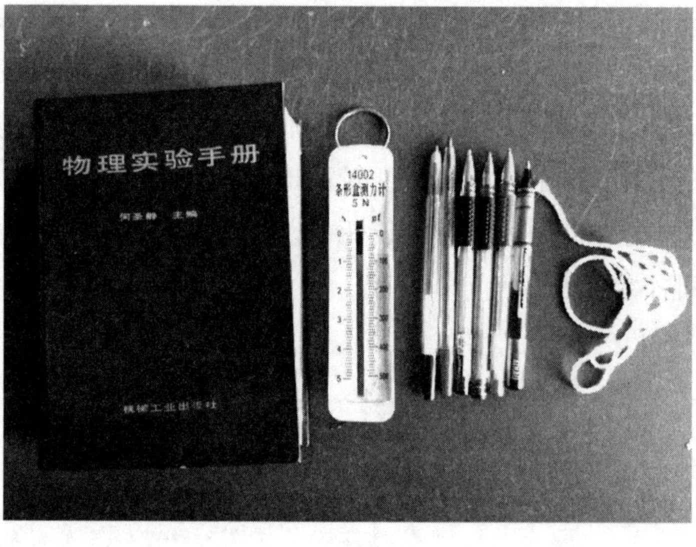

实验步骤：

1. 用细线把书捆好，然后放在桌子上面。

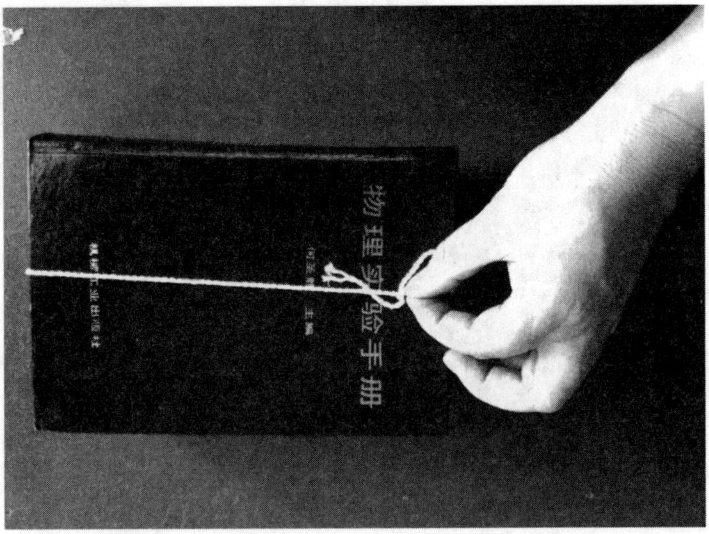

2. 用弹簧秤钩住细线，拖着书在桌面上匀速移动，看一看你在拖这本书时用了多大力。

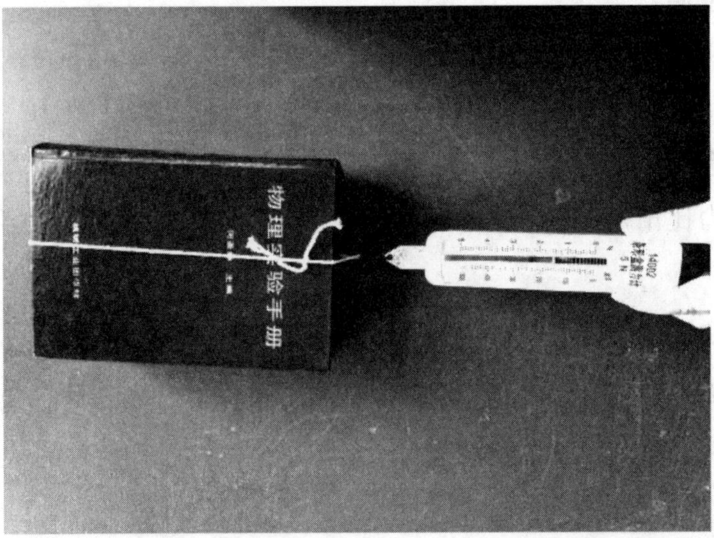

3. 在书下面垫若干支签字笔，然后用弹簧秤钩住细线并拖动书。看一下弹簧秤，这次你用了多大力。

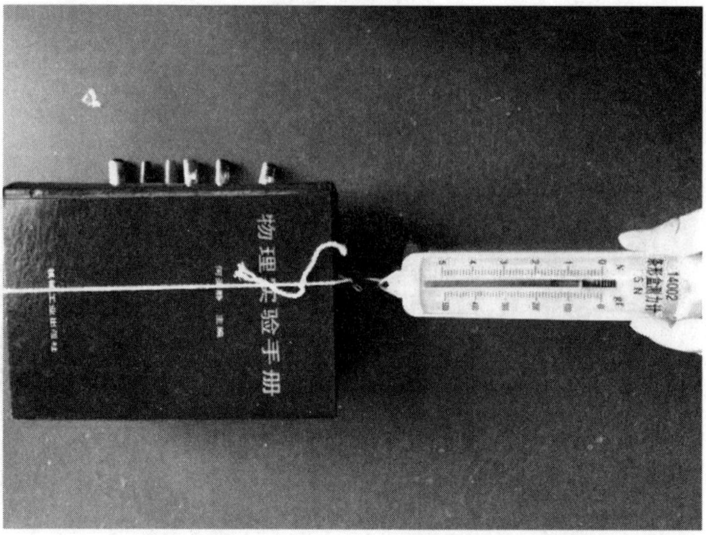

比较一下两次用力的大小，你会发现第二次用的力比第一次小了许多。

探根求源：

这是一个关于滑动摩擦力和滚动摩擦力的实验。第一次，书直接放在桌面上，拖动书匀速移动所产生的摩擦力是滑动摩擦力。第二次，在书下面垫上签字笔，拖动书匀速移动产生的摩擦力是滚动摩擦力。由于滚动摩擦力比滑动摩擦力小得多，所以，第二次用的力比第一次要小许多。

（二）实验题目：筷子的摩擦力

摩擦力在生活中有非常重要的作用，没有了摩擦力，我们的生活就可能变得一团糟。下面让我们做一个实验，感受摩擦力的大小对我们生活的影响。

实验准备：

筷子，10个玻璃球，10枚红枣，手表，绳子，3个小碗（也可用其他容器替代）。

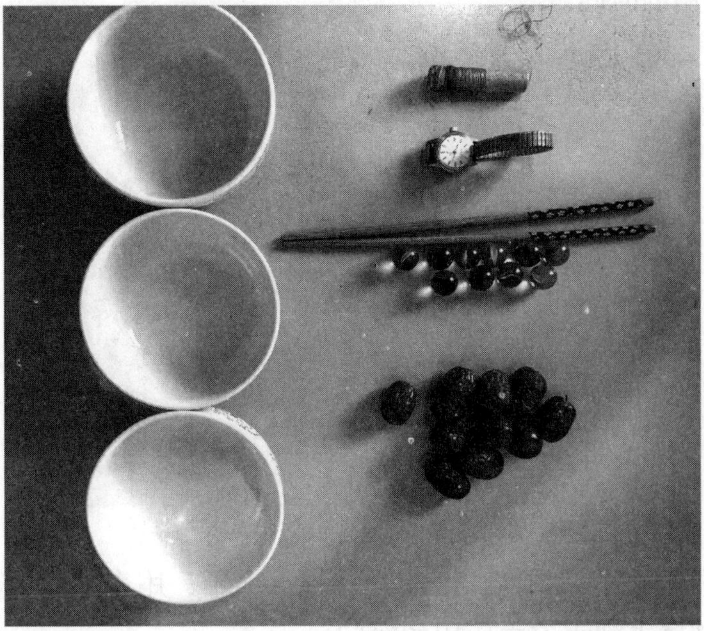

实验步骤：

1. 将玻璃球和红枣分别放入小碗中，用筷子夹玻璃球，将其放入另一个空碗中，测出将 10 个玻璃球全部夹入小碗中所用的时间。

2. 用筷子夹红枣，将其放入空的小碗中，测出将 10 枚红枣全部夹

入小碗中所用的时间。

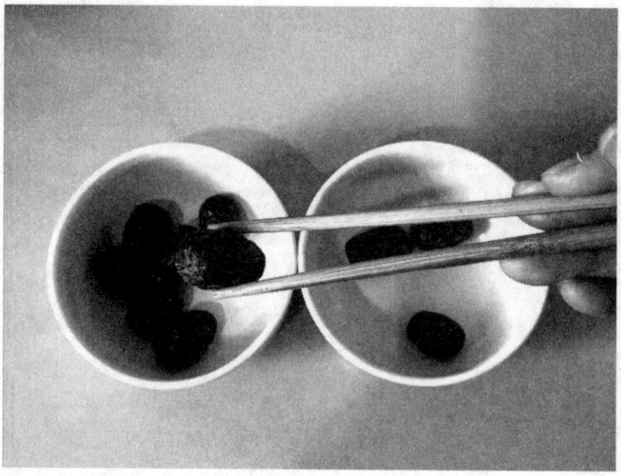

3. 将两只筷子夹物体的一端分别缠上绳子，用来夹取玻璃球，测出将 10 个玻璃球夹到小碗中所用的时间。

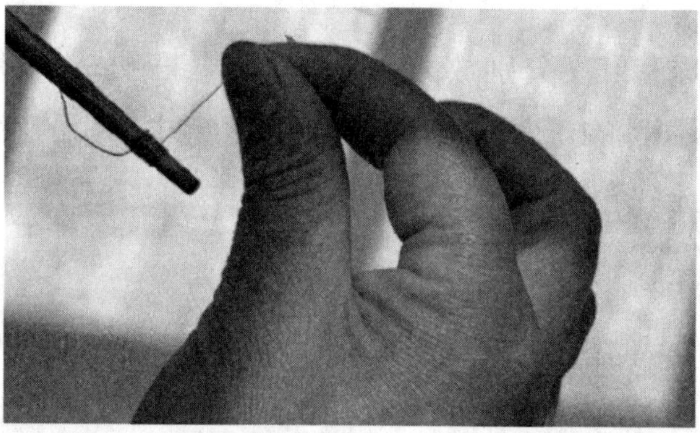

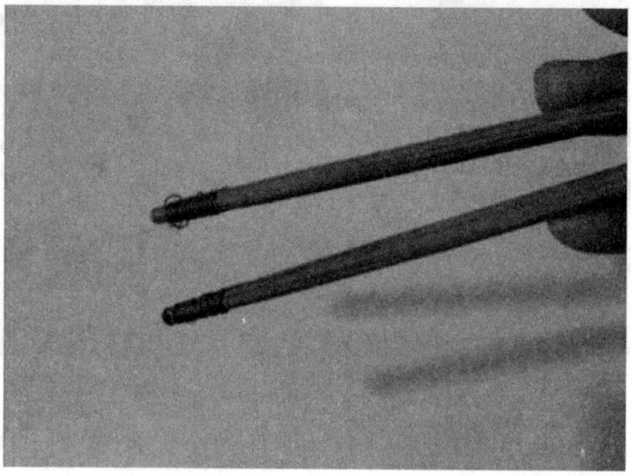

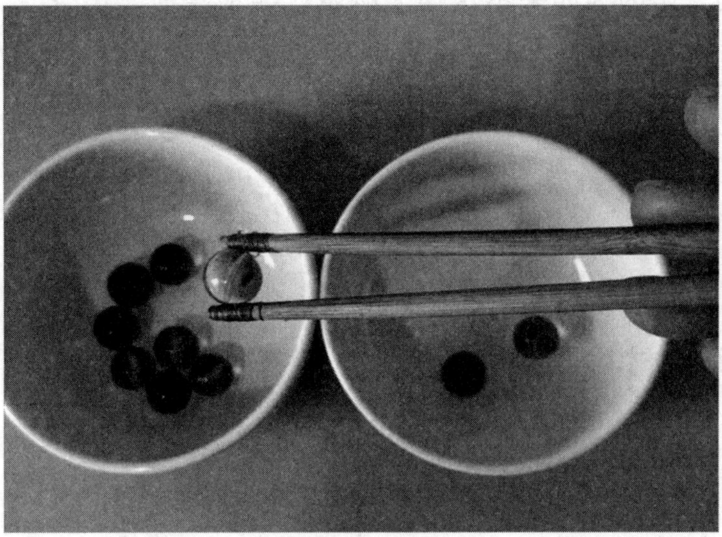

4. 比较三次实验所用时间的长短。

探根求源：

摩擦力的大小与接触面的粗糙程度有关。所用筷子相同时，红枣表面的粗糙程度比玻璃球的大，由于摩擦力的作用，夹取红枣所用的时间短。如果在筷子一端缠上线，筷子的粗糙程度变大，夹取同样的玻璃球更容易些，所用时间短。

三、科学知识

◆拔河比赛比的只是力气大小吗？

不一定。在双方脚部与地面摩擦力相同的情况下，拔河比赛比的是力气大小。如果双方与地面的摩擦力不一样的话，很有可能摩擦力就成了胜负的关键。拔河一方只要保持所受的拉力小于与地面的最大滑动摩擦力，就不会被拉动。

◆一只苍蝇在汽车里飞，没有附着任何东西，它为什么会相对车保持一样的速度？

它并不是没有附着任何东西，它附着空气，空气附着车。其实常见的一类问题个个都可以用上面这句话回答。比如：为什么在空中的热气球还是会跟着地球自转？答案是因为空气跟着地球自转。空气之所以跟着地球自转，是因为如果不这样，地表就会不停地摩擦空气，在摩擦力的作用下，空气会慢慢转起来，直到达到与地球自转同步。

第五节 杠 杆

一、阅读材料

阿基米德的投石机

“报告！国王殿下，有一支身份不明的船队正在朝我们驶过来！”一个士兵慌张地跑进大殿，打破了国王与大臣们的会议。

担心的事还是发生了，不用想也知道，这一定是罗马军队，来者不善。国王一言不发地把头转向阿基米德，眼中露出一丝不安。阿基米德迎上国王的眼神，以坚定的目光反馈回去，似乎在说：“放心，有我在！”然后，他猛然地站了起来，下令道：“把投石机都搬出来，准备战斗！”

“得令！”

战斗开始了，阿基米德有条不紊地指挥着：“各就各位！装石块！预备！发射！”

石块雨点般地砸向罗马军中，罗马士兵被从天而降的石头砸得失魂落魄，落荒而逃。

这些投石机就是阿基米德利用杠杆原理发明的武器。

二、科学探索

(一) 实验题目：胡萝卜的两边一样重吗?

实验准备：

胡萝卜，细线，小刀，天平。

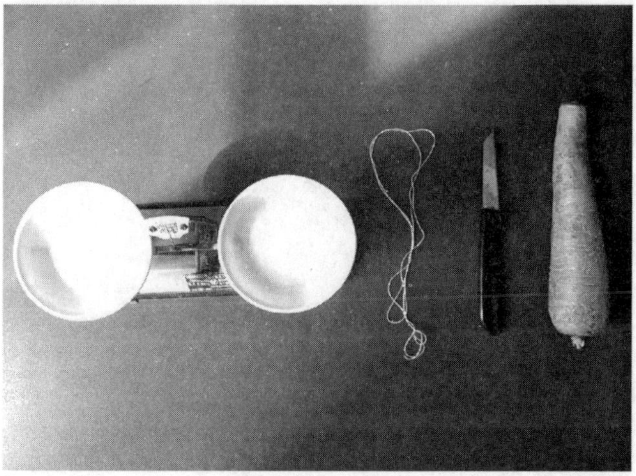

实验步骤：

1. 将天平调零备用。将胡萝卜用细线系好，调整细线位置，使胡萝卜在水平位置平衡。

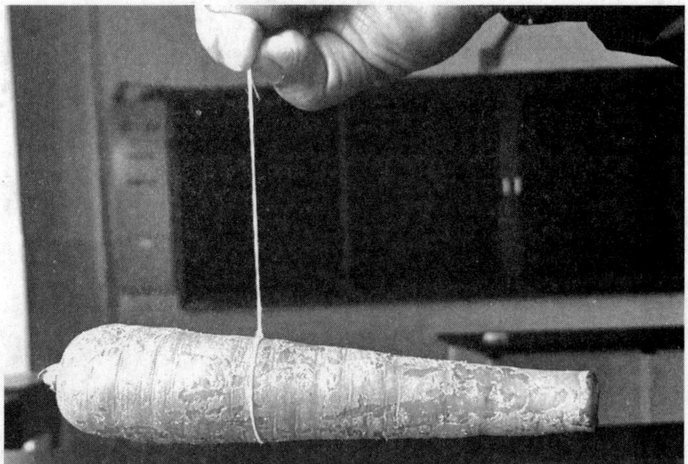

2. 用小刀将胡萝卜在系细线的地方切开，胡萝卜变成粗细不同的两段。

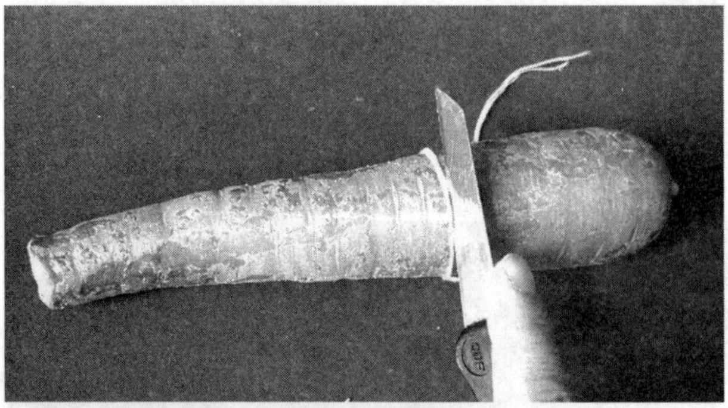

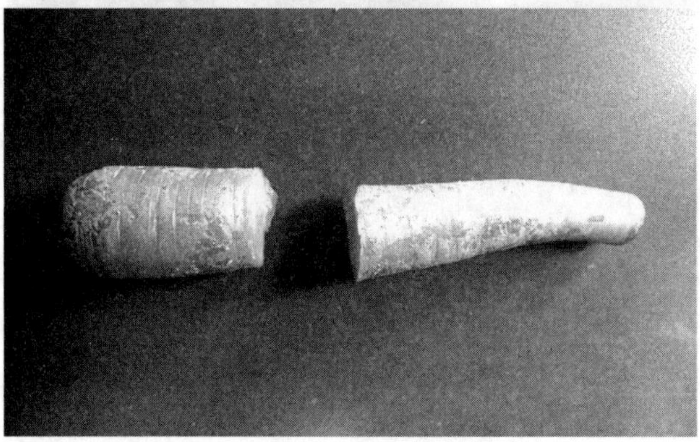

3. 将两段胡萝卜分别放在天平的两侧，天平还会平衡吗？

探根求源：

人们通常把在力的作用下绕固定点转动的物体叫作杠杆，杠杆的平衡不仅与动力和阻力的大小有关，还与力臂有关。力臂等于支点到力的作用线的垂线距离。杠杆的平衡条件为：动力×动力臂=阻力×阻力臂。胡萝卜被细线吊着平衡，意味着两边力和力臂的乘积相等。但是粗端的力臂较小，所以力比较大，质量也比较大。

（二）实验题目：比比谁的力气大

实验准备：

一支棒球棒。

实验步骤：

1. 你和你的朋友面对面站立，你握住棒球棒粗的一端，你的朋友握住细的一端。

2. 你们分别向相反方向拧棒球棒，比如你以顺时针方向拧，就让你的朋友以逆时针方向拧。

3. 比赛开始，你们会发现，无论你的朋友怎么用力拧棒球棒，都无法赢你。

探根求源：

这个实验应用了力矩原理。力矩在物理学里是指力使物体绕着转动轴或支点转动的趋向。力矩能够使物体改变其旋转运动。

三、科学知识

◆地球那么重，我们到底能不能撬动它？

根据杠杆原理，用很小的力撬起很重的东西是能够实现的。如果把一个星球当作支点，上面放一根足够长的杠杆，杠杆的一边是人，另一边是地球，当支点离人比离地球远得多时，我们的愿望就可以实现了。

人类真的能凭一己之力移动地球吗？我们不妨做一个简单的计算。现在知道，地球质量是 6×10^{24} 千克，如果人类能用的力相当于 60 千克，那么力臂应该是重力臂的 10^{23} 倍。也就是说，哪怕是让地球移动 1/10 000 毫米，人类就必须运动 10^{13} 千米以上，即使每天 24 小时都在以百米短跑的速度奔跑，跑完这段距离也至少要用 3 000 万年！显然，人类并不能真的撬动地球。

◆阿基米德的故事

阿基米德在 9 岁时便离开家乡到埃及的亚历山大城念书。亚历山大城位于尼罗河口，是当时西方的文化中心之一。公元前 3 世纪，亚历山大大帝建立了地跨欧、亚、非三洲的帝国，国力强盛。公元前 332 年，亚历山大在尼罗河下游建造了亚历山大城，在这里聚集了希腊哲学、东方神秘主义和埃及工艺学三股潮流，形成了一个古典文化中心。同时，亚历山大大帝还资助修建了缪斯学院，聚集了很多著名学者，也培养了很多学生，在亚历山大城营造了浓厚的文化学术气氛，由此形成了世界上第一个伟大的科学时代，后人称之为希腊文化。

亚历山大城有雄伟的博物馆、图书馆，人才荟萃，被世人誉为“智慧之都”。阿基米德在这里学习和生活了许多年，跟很多学者密切交往。他兼收并蓄了东方和古希腊的优秀文化遗产，在数学、天文学和物理学（特别是力学）方面取得了很深的造诣，成为古希腊著名的物理学家和数学家。

◆“权衡”一词的由来

我国思想家墨子最早对杠杆平衡问题进行了分析。在《墨子》中，他把天平的砝码叫作“权”，将悬挂的重物叫作“重”。把支点到杆锤之间的杆长叫作“标”（动力臂），把支点到重物间的杆长叫作“本”（重力臂）。墨子指出：“相衡，则本短标长。”也就是说，如果两边平衡，天平一定是水平的，这时候被测重物一边杆短，砝码一边杆长。他又说：“两加焉，重相若，则标必下，标得权也。”就是说，如果杠杆平衡后两边再加上相等的重物，平衡会被破坏，标这一端必定下垂。如今，人们把“权衡”引申为衡量、比较的意思，从而出现了“权衡利弊”“权衡轻重”等词语。

第六节 惯 性

一、阅读材料

交通中的惯性

2019年3月13日，在G1513温丽高速发生一起交通事故。一男子抱着从车内被甩出造成重伤的女子，在赶往医院途中，哽咽地唱着歌曲《往后余生》，鼓励她坚持下去。

当天中午12时12分，G1513温丽高速往丽水方向石溪隧道内，一辆高速行驶的灰色面包车撞向紧急停车带挡墙，瞬间墙面撞落一大片，随后车辆被回弹至超车道。从监控视频里可以看到，车辆回弹时，一个白色人影从面包车副驾驶座撞破玻璃后飞出，重重摔在了慢车道上。高速交警丽水支队指挥中心同时接到了报警电话和监控员的警情通报。民警到达现场后，现场一片狼藉，面包车横在路中间，地上到处都是车零件。女子已经不能动弹，脸上都是血，意识比较模糊。

在去医院的路上，民警得知男子姓陈，女子姓卢，是一对小情侣。当天，两人和小陈父亲一起从温州出发，打算开车去丽水办理结婚证，小卢已经有2个月的身孕。

事故发生时，小陈与其父亲因系了安全带，两人虽有不同程度骨折，但受伤较轻。而坐在副驾驶的小卢因未系安全带，导致被甩出车外。

交警提醒大家：

安全带就是生命带！是各位司机、乘客在驾驶、乘坐车辆发生事故、紧急情况时非常重要的一道生命保障，不要到了事故发生，才追悔莫及。

不仅仅是司机要系安全带，为了自己的生命安全，所有乘客都要系安全带。

所以，乘车时你会系安全带吗？

二、科学探索

（一）实验题目：洗衣机怎么甩干衣服？

实验准备：

厚纸板，圆规，眼药水小瓶，自来水管，牙签，剪刀。

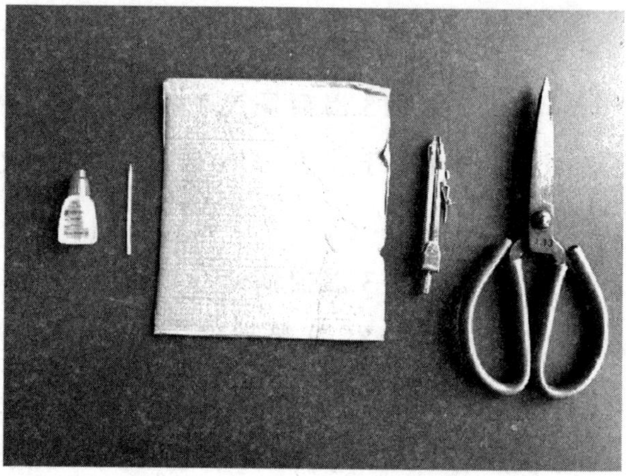

实验步骤：

1. 用圆规在厚纸板上画一个直径为 5 厘米的圆，并将其剪下来。

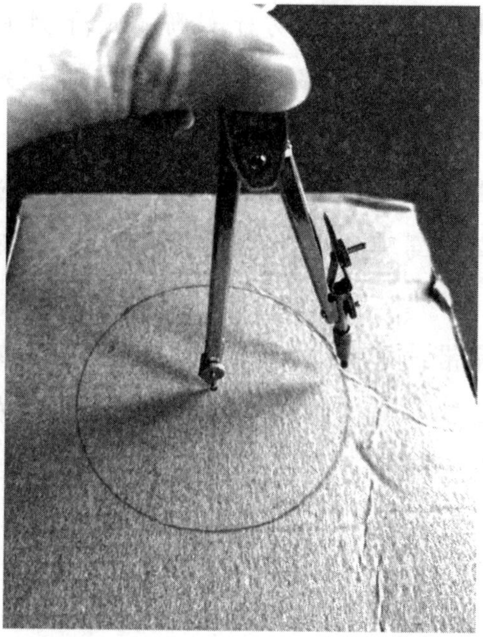

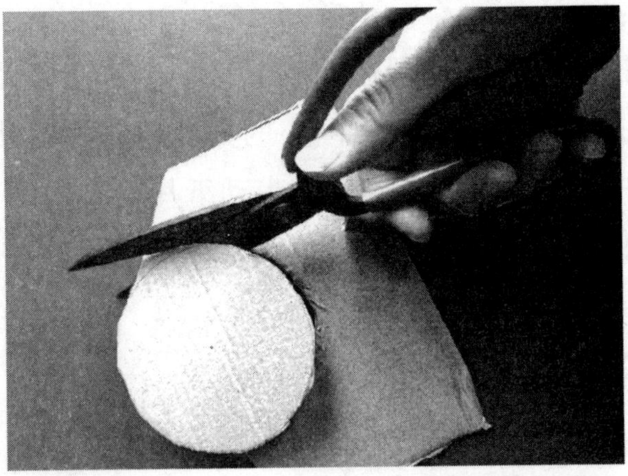

2. 将牙签穿过圆纸片的圆心。将眼药水小瓶注满水。

3. 用右手食指与拇指来回捻动牙签，带动圆纸片转动。左手拿着眼药水小瓶，向转动的圆纸片上滴水。你会发现圆纸片在旋转时，带动纸片上的水滴一起做圆周运动，随后水滴便飞出纸片。

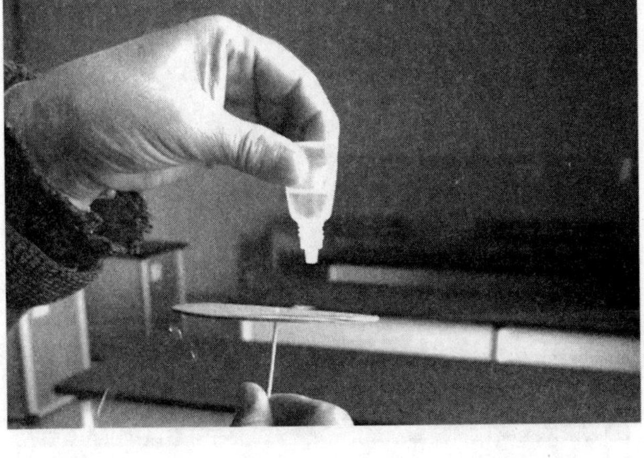

探根求源：

任何物体围绕圆心做圆周运动时，由于本身的惯性，总有沿着圆周切线方向飞出去的倾向，向远离圆心的方向运动，这就是离心现象。在上面这个实验中，圆纸片在旋转时，带动纸片上的水滴一起做圆周运动。水滴在离心力作用下离开圆心，无法停留在纸片上，就被甩了出来。这就是洗衣机甩干衣服的原理。

（二）实验题目：惯性与质量的关系

实验准备：

2 个相同的矿泉水瓶，一盆水，橡皮筋，1 米长的细线，粉笔。

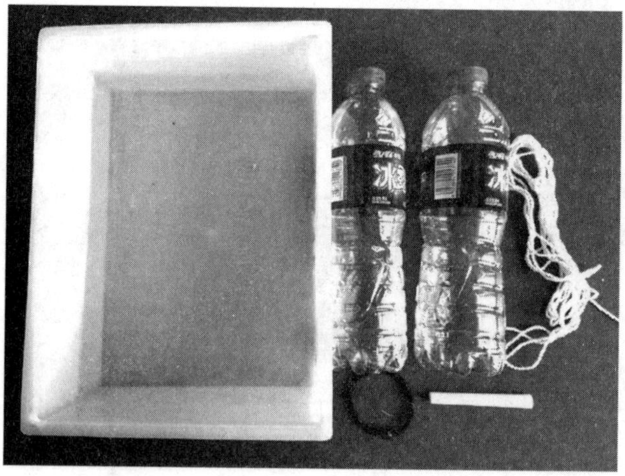

实验步骤：

1. 如图所示，用细线和橡皮筋连接 2 个矿泉水瓶。

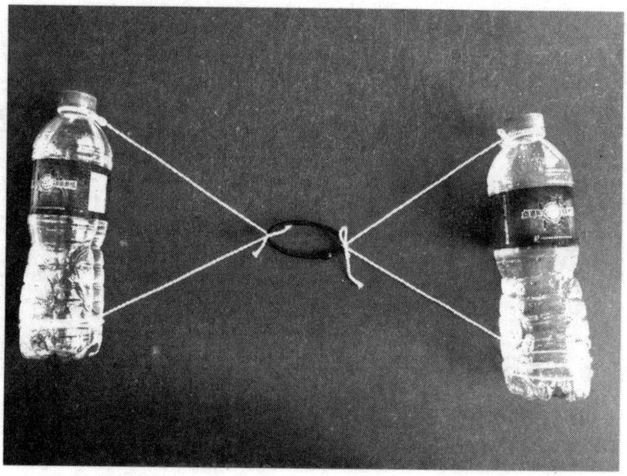

2. 将 2 个矿泉水瓶装满水，调整 2 个矿泉水瓶之间的距离，使橡皮筋适当伸长，并将此时 2 个矿泉水瓶的位置用粉笔做好标记。

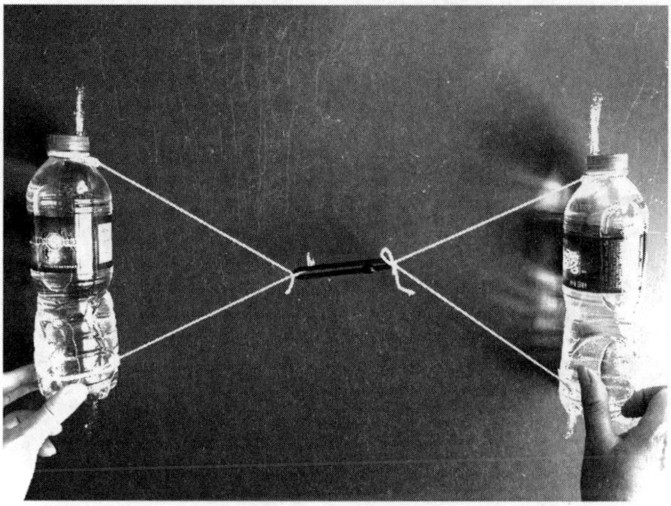

3. 松手后，2 个矿泉水瓶运动并相遇，将相遇时的 2 个矿泉水瓶的位置分别做标记。你会发现，2 个矿泉水瓶运动的距离基本相等。

4. 将其中一个矿泉水瓶里的水倒出一半，再将 2 个矿泉水瓶置于初始标记处。松手后，在瓶子静止时做好标记。你会发现，水多的矿泉水瓶运动的距离小，水少的矿泉水瓶运动的距离大。

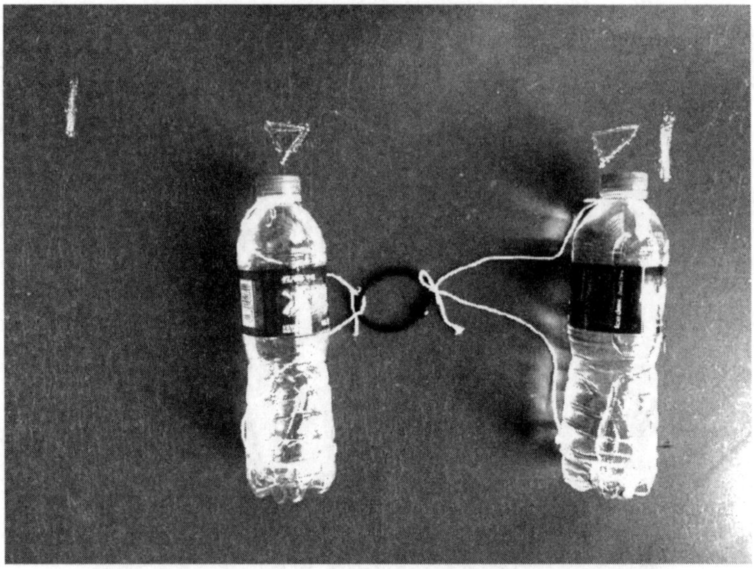

5. 将已倒出一半水的矿泉水瓶中的水全部倒出，将 2 个矿泉水瓶置于起始标记处。松手后，在瓶子静止处做好标记。你会发现，装满水的矿泉水瓶几乎没有动，没有装水的矿泉水瓶运动的距离远。

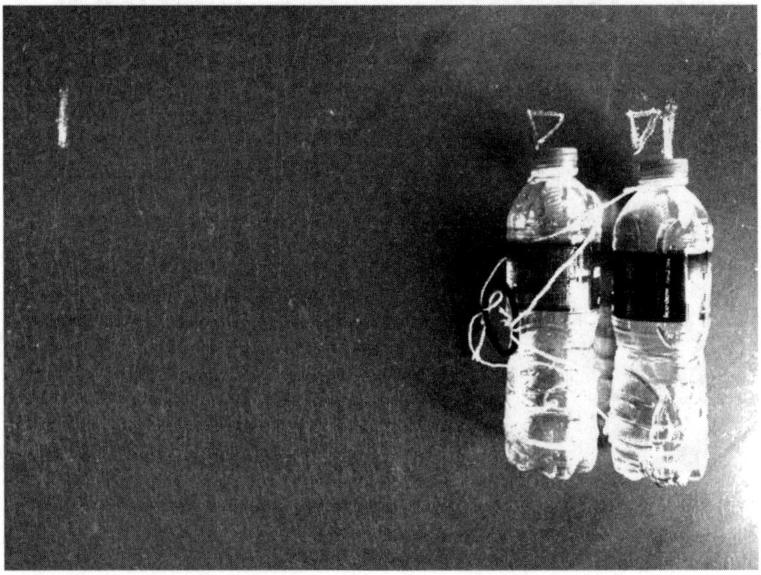

探根求源：

惯性只与物体的质量有关。物体质量越大，惯性越大，越不容易改变原来的运动状态。

三、科学知识

◆为什么过山车能在轨道上倒着行驶而不掉下来？

游乐场中的过山车倒着行驶也不会掉下来，这是因为受到了离心力的作用。它在做圆周运动的时候，受到的离心力的影响大于其本身受到的重力的作用。因此，即使过山车在轨道上倒着也不会掉下来。离心力的大小与物体速度的平方成正比。因此，过山车越快，惯性离心力越大，也就越不容易掉下来。

◆为什么自行车前进时不会倒下？

这是因为旋转的物体有使转轴的方向保持不变的特性。骑车时，自行车车轮会飞快地转动。当对称物体绕着对称轴高速转动时，有保持转动方向不变的特点，即使受到干扰，也只会摇晃一下，但方向不变，所以自行车前进时不会倒下。

第七节　大气压强

（一）实验题目：蜡烛抽水机

想一想：

你知道抽水机是怎样将水抽出来的吗？

实验准备：

2 个玻璃杯，蜡烛，比玻璃杯口稍大的硬纸片，2 根塑料管，胶枪，火柴，水半杯（为了方便观察，水中加少许可乐）。

实验步骤：

1. 先将 2 根塑料管套在一起并折成门框形，一端穿过硬纸片。

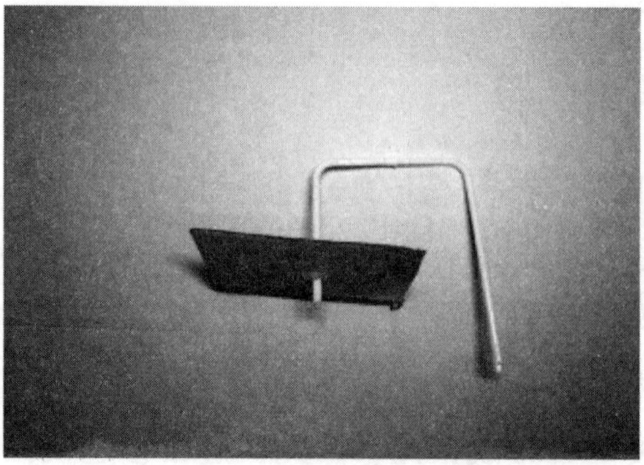

2. 将蜡烛点燃后固定在其中一个玻璃杯内的底部，同时将水注入另一个玻璃杯中。

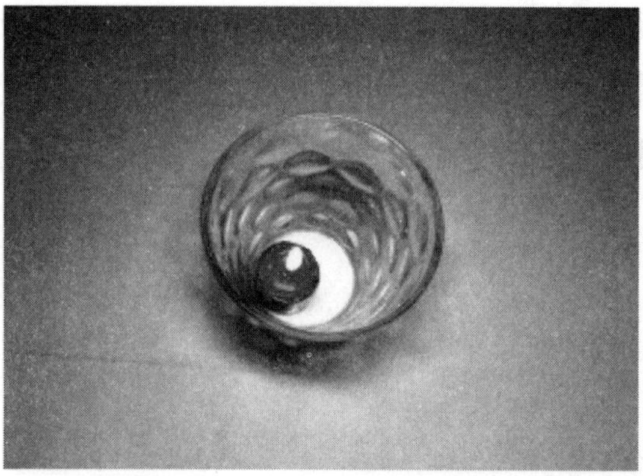

3. 将穿有塑料管的硬纸片盖在放蜡烛的杯子上，用胶枪固定，并使塑料管的另一头插入盛水杯子的水中。

4. 可以观察到水从盛水的杯子流入点蜡烛的杯子中。

温馨提示：

蜡烛点燃后固定在玻璃杯底部时要注意安全，小心烫手。

探根求源：

蜡烛燃烧用去了杯中的氧气，使杯子中的气压降低，大气压使盛水杯子中的水向点蜡烛的杯子流动，直到2个杯子的水面承受的压力相等为止。

（二）实验题目：瓶吞蛋

实验准备：

广口瓶，剥了皮的熟鸡蛋，短蜡烛，火柴。

实验步骤：

1. 将鸡蛋竖立起来，尖头朝上，并用胶枪把蜡烛粘在鸡蛋尖端。

2. 点燃蜡烛。

3. 将广口瓶口朝下，罩住蜡烛 5 秒，使瓶口与鸡蛋紧密接触。

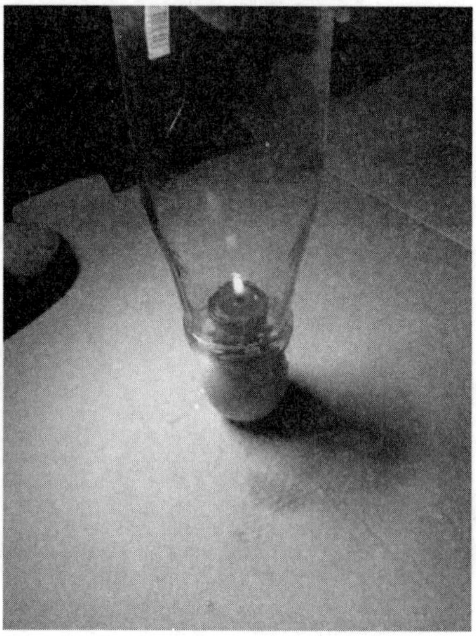

4. 稍等一会儿，发现鸡蛋会慢慢被吞入瓶内。

想一想：

什么力量将鸡蛋吞入瓶内？

探根求源：

瓶口与鸡蛋紧密结合后，瓶内氧气燃烧，瓶子里面的气体压强变小，此时外部较大的大气压强将鸡蛋压入瓶内 。

第五章　离不开的电

第一节　生活中的导体

一、科学探索

实验题目：神奇的盐

实验准备：

3 个电池盒，3 节电池（与电池盒相匹配），3 根导线，灯泡，灯座，塑料杯，透明胶带，食盐，自来水适量。

实验步骤：

1. 将 2 根导线的一端分别用胶带固定在塑料杯内的底部。

2. 将电路按如图所示连接好，其中杯子作为电路的一部分。

3. 往塑料杯中加入自来水（如果用热水效果更好），观察灯泡的发光情况。可以发现：灯泡不亮。

4. 往塑料杯中加入适量食盐，稍等片刻，再次观察灯泡的发光情况。可以发现：灯泡逐渐变亮。

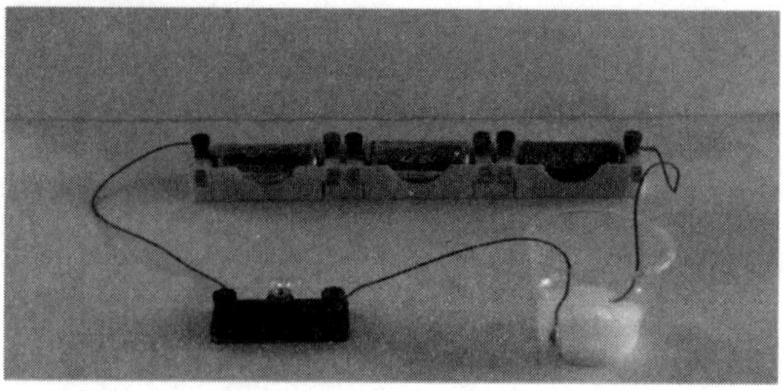

探根求源：

自来水与盐水溶液都是导体。实验中刚开始加入自来水，灯泡不亮是因为自来水的导电能力较弱。加入食盐后，盐水溶液中存在能自由移动的离子，盐水溶液的导电能力较强，灯泡被点亮。

第二节　自制电灯泡

一、科学探索

实验题目：自制电灯泡

实验准备：

6 节 1 号电池，6 个电池盒（与电池相匹配），开关，1 段铅笔芯，剪刀，1 截可比克纸筒，烧杯，4 根导线。

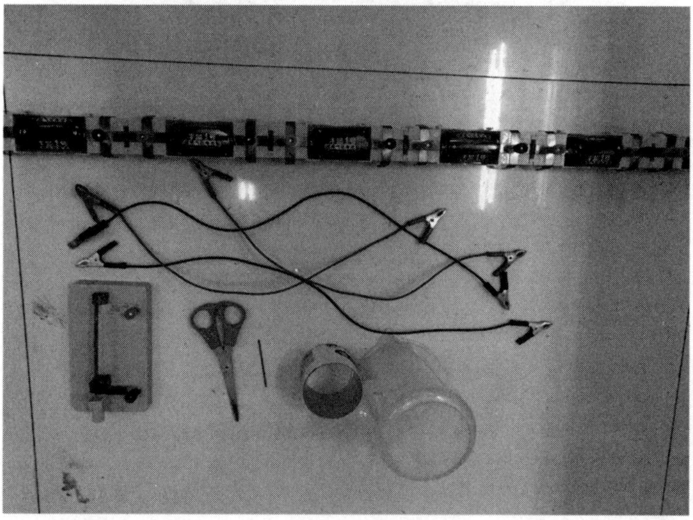

实验步骤：

1. 将 6 节电池按正确的顺序装入电池盒，两端连好导线备用。

2. 将导线固定在纸筒上。

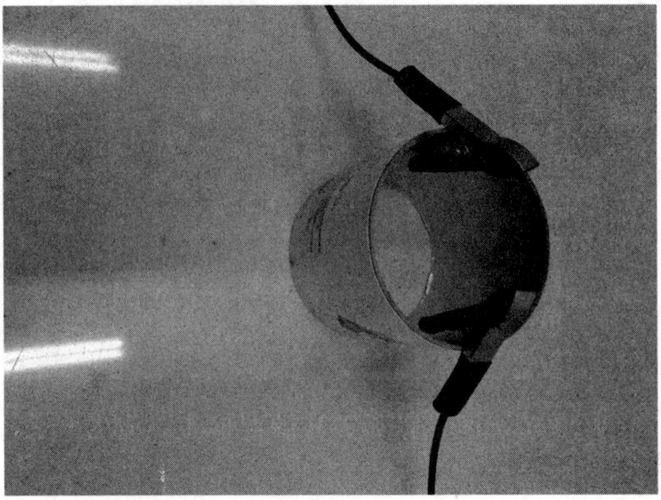

3. 如图所示，用导线上的鳄鱼夹夹住铅笔芯，固定在纸筒上。

4. 将上步制作的纸筒罩上烧杯并放置好。如图所示，将电池组、开关、纸筒用导线连接起来。然后闭合开关，这时候铅笔芯就“轰”的一下燃烧，像灯一样发亮。如果有条件在烧杯中密封一些灯泡中的稀有气体，使灯丝不被氧化，就能保持完好的发光，就成了真正的灯泡。

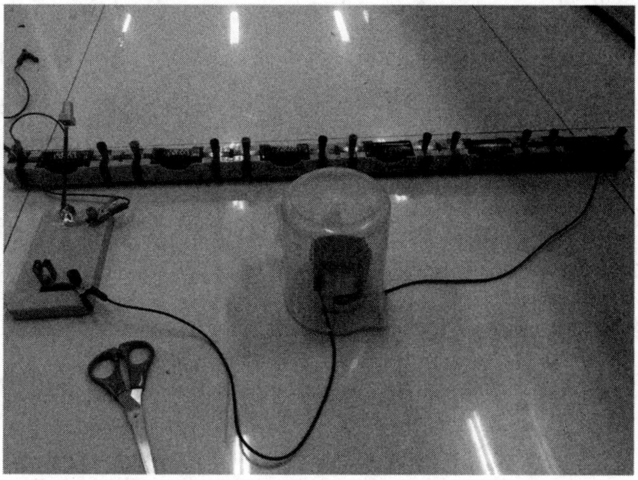

探根求源：

电灯泡又称为白炽灯，是一种通过通电，利用电流的热效应，把电阻丝（现在通常为钨丝）加热至白炽以用来发光的灯。电灯泡外围由玻璃制造，把灯丝保持在真空或低压的惰性气体之中，以防止灯丝在高温之下氧化。

二、科学史料

电灯的发明

电灯是由美国人托马斯·爱迪生发明的。但倘若认真地考据，另一美国人亨利·戈培尔比爱迪生早数十年已用相同的原理和物料，制造了可靠的电灯泡，而且在爱迪生之前很多人亦对电灯的发明做出了不少贡献。

1801 年，英国化学家戴维将铂丝通电发光并在 1810 年发明了电烛，利用两根碳棒之间的电弧照明。

1854 年，亨利·戈培尔使用一根炭化的竹丝，放在真空的玻璃瓶下通电发光。他的发明在今天看来是首个有实际效用的白炽灯，试验的灯泡已可维持 400 小时，但是他并没有及时申请设计专利。

1850 年，英国人约瑟夫·威尔森·斯旺开始研究电灯。1878 年，他以真空下用碳丝通电的灯泡得到英国的专利，并开始在英国建立公司，在家庭中安装电灯。

1874 年，加拿大的两名电气技师申请了一项电灯专利。他们在玻璃泡里充入氮气，以通电的碳杆发光。但是他们无足够财力继续，于是在 1875 年把专利卖给爱迪生。

爱迪生的最大发现是使用钨代替碳作为灯丝。之后在 1906 年，通用电器公司发明一种制造电灯钨丝的方法。最终，廉价制造钨丝的方法得以应用，钨丝电灯泡被使用至今。

电灯泡的最大问题是灯丝的升华。因为钨丝上细微的电阻差别会造成温度不一，在电阻较大的地方，温度升得较高，钨丝亦升华得较快，于是造成钨丝变细、电阻进一步增大的循环，最终令钨丝烧断。后来人们发现，以稀有气体代替真空可以减慢钨丝的升华。今天多数的电灯泡内都是注入氮气、氩气或氪气。

现代的白炽灯寿命一般为 1 000 小时左右。

第六章　电与磁的爱恨纠葛

第一节　磁铁的秘密

一、阅读材料

栾大的小把戏

汉武帝是一位有着雄才大略的帝王，在位期间破匈奴、使西域、尊儒术、创年号，功绩辉煌。但他却被一个叫栾大的人糊弄得晕头转向。

这位栾大，吹牛说大话连眼睛都不眨一下。他说自己可以帮助皇帝求仙，但因他的身份太过卑微而没有资格向神仙求方，要是能成为皇亲国戚就好办了。为了获得皇帝的信任，栾大表演了一个小法术“斗棋”。他做了两个棋子放在围棋盘上，它们一会儿相互亲近，一会儿又相互推开。汉武帝惊叹不已，以为遇上神人了，一高兴，就封栾大为“五利将军”，还把自己最为宠爱的长公主嫁给他，陪嫁了上万斤的黄金。

栾大的小伎俩到底是什么？他是怎么糊弄住汉武帝的呢？

其实，他利用了磁铁间同名磁极相互排斥、异名磁极相互吸引的原理。如果汉武帝学了物理知识，就不会被欺骗了。

二、科学探索

（一）实验题目：磁铁的穿透力

实验准备：

磁铁，订书钉，塑料板，木板，装有水的水杯，书若干本。

实验步骤：

1. 将两摞书分别摞高 10 厘米，平放在桌子上，中间留有约 2 厘米的距离。

2. 在右边的书上放上磁铁，左边的书上放上订书钉。将木板隔在两书中间。

3. 移动磁铁，发现订书钉会跟着移动，将木板换成塑料板、装有水的水杯，可以观察到订书钉仍会跟着移动。

探根求源：

磁铁的穿透力很强，它能够穿透某些物质把铁、镍等磁介质吸起来。所以在这个实验中，即使在订书钉和磁铁之间放置非磁性物质，如木板、塑料板、水杯等，也无法阻隔磁力对订书钉的吸引。但这种穿透力是有限的，隔物过厚、过多，磁铁就吸不起磁性物质了。

（二）实验题目：磁铁失灵

人们曾经认为磁铁的磁性会永远存在的，但是后来人们发现，磁铁会由于敲击或加热而失去磁性。在下面这个实验中，我们就可以看到磁铁是如何失灵的。

实验准备：

条形磁铁，火柴，蜡烛，大头针若干，镊子。

实验步骤：

1. 用磁铁去吸大头针，磁铁可以把大头针都吸起来。

2. 用火柴点燃蜡烛。

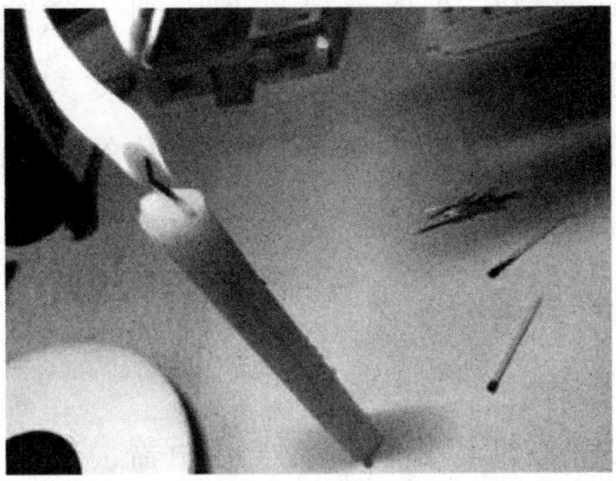

3. 用镊子夹起磁铁在火上烧，5 分钟后取下，放置一边自然冷却。

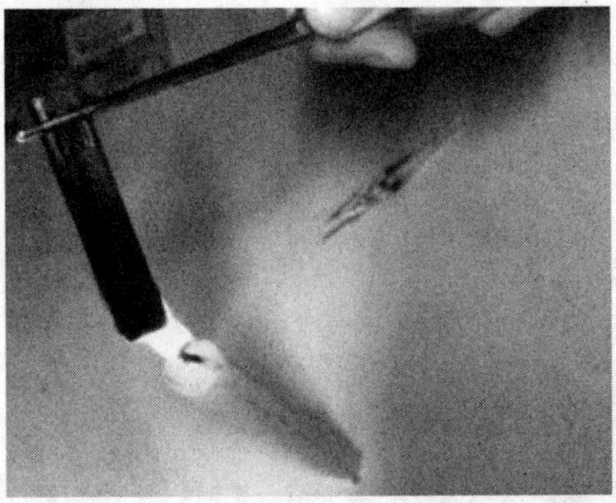

4. 冷却大约 15 分钟以后，用磁铁去吸桌子上的大头针。你会发现，此时磁铁连一根大头针都吸不上来，完全失灵了。

探根求源：

居里温度是指材料可以在磁体和非磁体之间改变的温度。温度低于居里温度时，该物质成为磁体；温度高于居里温度时，该物质成为非磁体。为什么磁铁高温加热后会失去磁性呢？因为磁铁中有一个极微小的磁铁。温度低有利于磁铁整体拥有磁性，但温度大于特定数值以后，小磁铁就不会整体趋于某个方向，而是处在杂乱的状态，磁铁的磁性就消失了。这个特定的温度称为居里温度。

（三）实验题目：规整的磁铁群

实验准备：

圆形水盆，5 块铷磁铁，5 个矿泉水瓶瓶盖，热熔胶枪，水适量。

实验步骤：

1. 取 5 个矿泉水瓶瓶盖，在每个瓶盖底部中央位置涂上少量热熔胶，并将铷磁铁分别粘贴到瓶盖底部的中央位置。注意：磁铁的 N 极朝上，S 极朝下。

2. 将圆形水盆平放在桌面上，并往水盆里加入大约一半容量的水。

3. 把 3 个瓶盖轻轻放在水面上，稍等片刻，观察 3 个瓶盖在盆中所处的位置。可以发现：3 个瓶盖呈正三角形。

4. 将 3 个瓶盖从水面上取出。

5. 把 5 个瓶盖轻轻放在水面上，稍等片刻，观察 5 个瓶盖在盆中所处的位置。可以发现：5 个瓶盖呈正五边形。

三、科学知识

◆电饭锅为什么会自动断电？

电饭锅底部中央装有永久磁铁和居里温度为103℃的磁性材料。当锅里的温度达到居里温度时，磁性材料的磁性消失，永久磁铁对它失去了吸力，磁铁和磁性材料间的弹簧就会把它们分开，电源断开。

◆人眼能看见磁场吗？

科学家发现，很多像北极燕鸥、海龟等迁徙动物，都拥有感应地球磁场的能力。它们的眼睛里有着能观测磁场的细胞，因此能“看见”地球磁场，就像戴着特殊显示设备的战斗机飞行员能看到屏幕上关键信息一样。

人类也能像北极燕鸥、海龟等迁徙动物一样看得见磁场吗？

隐花色素是人类携带的一种蛋白，能起到生物钟的作用。在鱼、爬行动物和鸟类的身上，都发现了这种隐花色素。当实验人员将果蝇体内的隐花色素水平降低时，它们在磁场迷宫中就成了“没头苍蝇”，乱撞一通；当给它们注入人类视网膜中的隐花色素后，果蝇就能辨别方向了。因此，人类拥有感知磁场的能力。但或许正是因为长期的进化过程中不像鸟类那样需要长途迁徙，这种功能也就慢慢退化了。

◆我国磁的历史

在我国的古代，人们就发现了磁现象。在战国后期成书的《管子》中，就有磁石吸引铁的记载。当时人们称这种石头为“慈石”，就像母亲吸引自己的孩子一样，认为它是铁的母亲。到公元前2世纪，《淮南子》明确记载有“若慈石之能连铁也，而取其引瓦，则难矣”。这就是说，磁石只能吸引铁，不能吸引瓦片等物体。后来，“慈石”逐渐演化成“磁石”，俗称吸铁石。现在，人们已经知道，磁石是人类最早发现的天然磁性材料，其主要成分是四氧化三铁。

第二节　电与磁

一、阅读材料

电与磁的关系

电和磁两种自然现象很早就为人们所熟悉，但当时通常认为它们是毫不相干的两件事。真正将电和磁联系起来的是丹麦物理学家奥斯特。1820年，奥斯特担任哥本哈根大学物理学教授。4月的一天，哥本哈根的一个演讲厅内座无虚席，奥斯特像往常一样边讲解电学原理边做演示实验。他将一根导线与电池相连，旁边与导线平行放着一个小磁针。在讲课的过程中，奥斯特把小磁针与导线垂直放置。当接通电源后，奥斯特惊奇地发现，小磁针竟然微微摆动了一下。他不敢相信自己的眼睛，重复几次后，小磁针都发生了偏转，观众也啧啧称奇。演讲结束后，奥斯特又研究了这一现象，原来这就是他一直在苦苦寻找的电与磁之间的联系。通电的导线周围有磁场，而磁场的方向跟电流的方向有关，这个现象就是电流的磁效应。7月21日，奥斯特把这一发现写成论文发表。这篇短短的论文没有任何数学公式，没有实验数据，也没有原因分析与说明，却意外地撞开了电磁学的大门。奥斯特的发现使人们认识到，电与磁的关系非常密切。

二、科学探索

(一) 实验题目：电磁魔术

现在我们就来重复奥斯特的小实验，看看电与磁的奇妙关系。

实验准备：

2节电池（与电池盒相匹配），2个电池盒，磁针（带底座），开关，2根导线。

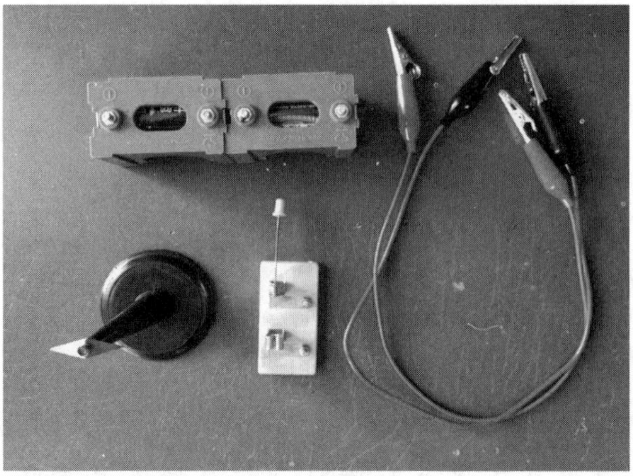

实验步骤：

1. 把电池装入电池盒中，用导线把电池和开关串联起来。

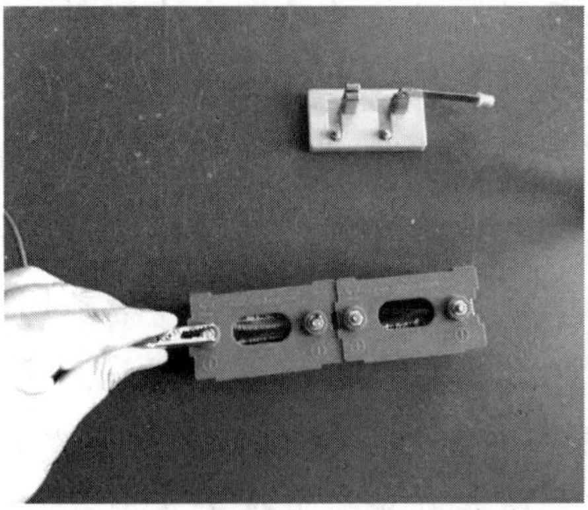

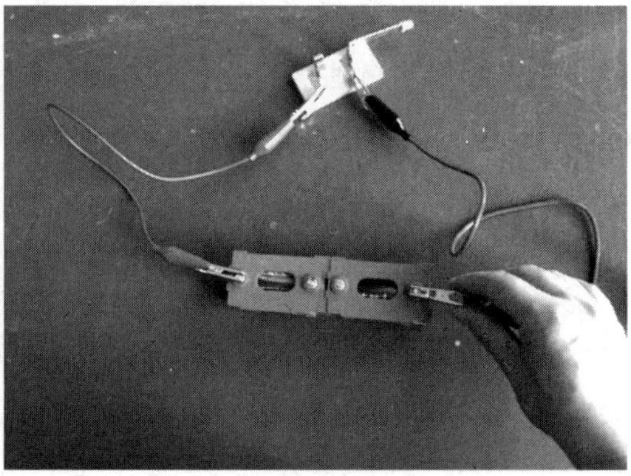

2. 把小磁针放在电路附近，并将导线平行地放在小磁针的上方。

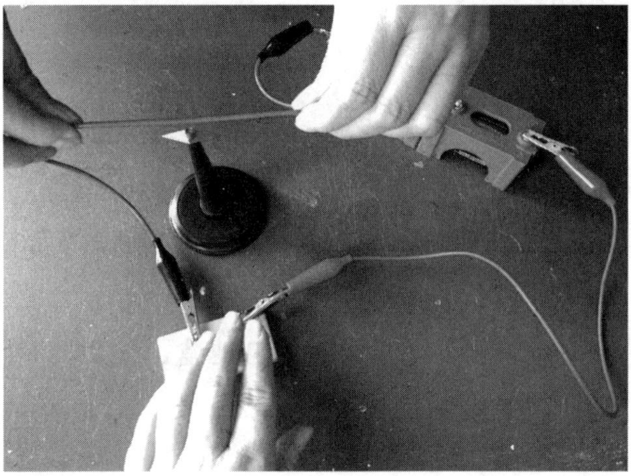

3. 闭合开关，观察小磁针。小磁针会偏转。

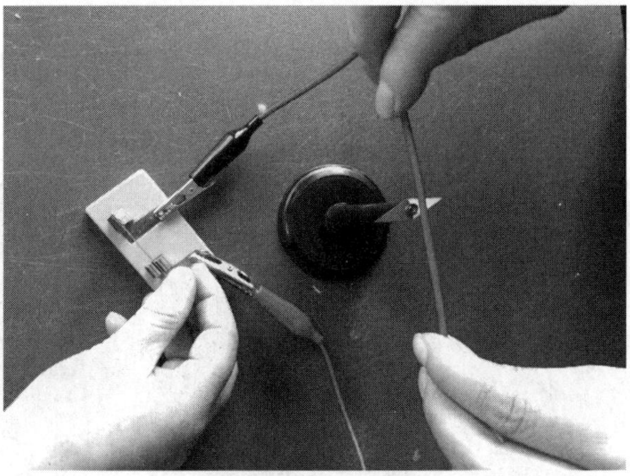

4. 改变电流方向，同样将导线平行地放在小磁针上方，你会发现磁针偏转方向改变了。

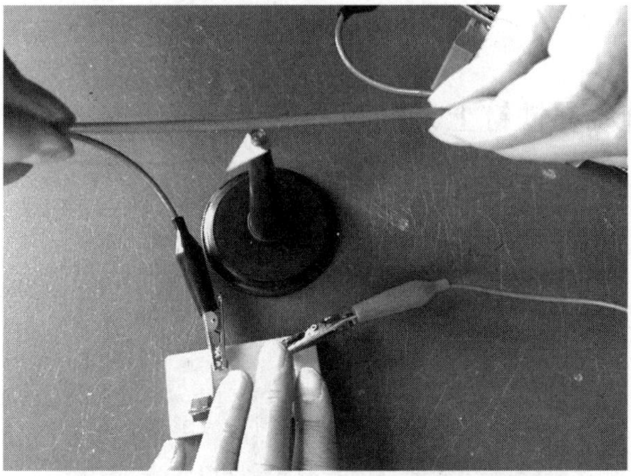

探根求源：

当导线通过电流时，会产生围绕电流周围的圆形磁场。磁场对放入其中的磁体有磁力的作用。这些磁力使小磁针发生偏转，当改变电流的方向时，磁场方向发生改变，磁针方向也会随之改变。

（二）实验题目：制作电磁铁

电磁起重机在工作时，不用钩住物体就能把重物吊起来，这是起重机中的电磁体在起作用。电磁体为什么具有如此神奇的“魔力”呢？做完下面这个实验，你就知道答案了。

实验准备：

铁钉，回形针若干，铜线，2 根导线，2 节电池（与电池盒相匹配），2 个电池盒。

实验步骤：

1. 将铜线缠绕在铁钉上，铜线的两端各留出约 5 厘米，就制作成了电磁铁。

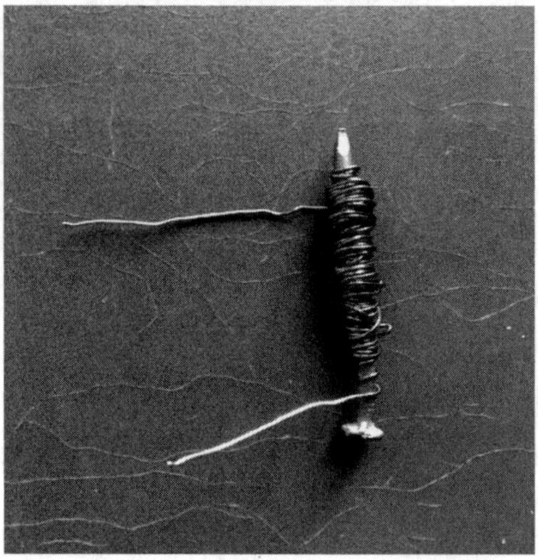

2. 将电池装入电池盒中，用导线将电池和电磁铁串联起来。

3. 将铁钉靠近回形针，发现回形针被吸起来了。然后断开电源，你会发现被吸起来的回形针掉了下来。

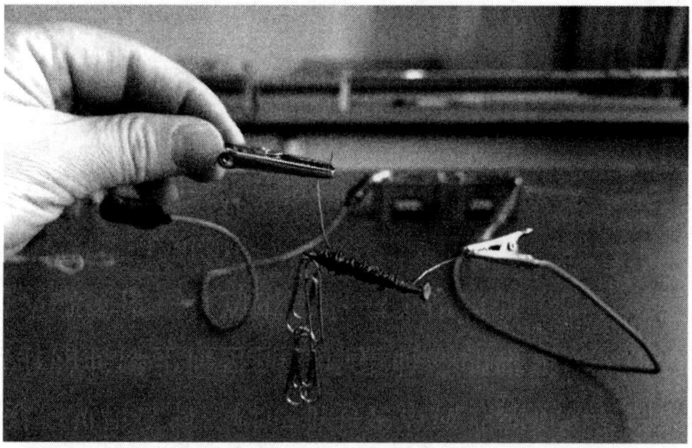

探根求源：

电磁体是现代应用最广的磁体，是由磁芯和线圈构成的，当线圈中有电流通过时能产生磁场。电磁铁和条形磁体相比有三大优点：磁性的有无可以方便地控制；磁性的强弱可以方便地改变；磁极可以方便地对调。

三、科学知识

◆螃蟹为什么只能横着走路？

螃蟹主要依靠地磁场来判断方向。在地球形成以后的漫长岁月中，地磁南北极多次倒转。螃蟹的内耳有定向小磁体，对地磁场非常敏感。但由于地磁场的多次倒转，使螃蟹体内的小磁体失去了原来的定向作用。为了生存下来，螃蟹既不前进，也不后退，最终选择了横着走路。

◆为什么电门铃会响起来？

电门铃中装有电磁体。电磁体的工作原理非常简单。电流通过电线时会在电线的周围产生非常小的磁场。将电线绕成线圈可以增强这种磁场。当来客按铃时，电流流经电磁体时产生磁场，连着小铁锤的铁条被磁场吸引，铃就被敲响。这时电路断开，电磁体失去磁性，铁片又弹回原处。整个过程可迅速重复，从而形成连续的铃声。